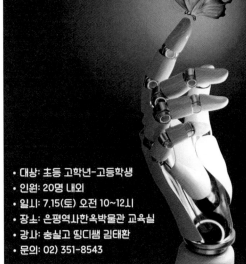

[인공지능과 미래사회]

책BOOK 과
챗GPT의 만남

책을 왜 읽어야 할까?

- 대상: 초등 고학년-고등학생
- 인원: 20명 내외
- 일시: 7.15(토) 오전 10~12시
- 장소: 은평역사한옥박물관 교육실
- 강사: 숭실고 띵디쌤 김태환
- 문의: 02) 351-8543

친구, 스트라이크 하나로 끝나지 않아.
너에겐 적어도 3번의 기회가 있지.
눈 딱 감고 마음껏 휘둘러봐. 띵디!

나는
아무것도
바라지
않는다

나는
아무것도
두렵지
않다

나는
.
.
자유다

| 니코스 카잔차키스 |

목차

_P·r·o·l·o·g·u·e_

이 책은 '책BOOK과 챗GPT의 만남'이란 제목의 청소년 강연을 위해 특별 제작하였습니다. '책을 왜 읽어야 할까?'라는 부제를 가진 이 책은 2023년 7월 15일 〈은평역사한옥박물관〉 강연의 강의 교재로 사용할 예정입니다.

여러분, 안녕하세요? 오늘부터 함께 펼쳐질 독특하고 흥미진진한 이야기에 여러분을 초대합니다. 이 이야기는 책BOOK과 챗GPT의 만남을 통해 여러분의 상상력과 창의력을 자극하는 독서 경험을 선사합니다. 그렇다면 여러분은 무엇을 기대하시나요? 아마도 놀라운 시간들과 미래의 세계를 엿볼 수 있는 첨단 정보들이 여러분을 기다리고 있을 것입니다.

우리는 현재 최첨단 기술의 발전으로 많은 변화를 경험하고 있습니다. 특히, 스마트폰의 발명 이후에는 정보의 접근성과 전달 속도가 급속도로 증가하였습니다. 우리는 어디서나 스마트폰을 통해 최신 뉴스에 접속하고, 소셜 미디어를 통해 다양한 사람들과 소통할 수 있게 되었습니다. 이러한 변화는 우리의 생활을 편리하게 만들어주었지만, 동시에 정보 과부하와 디지털 중독과 같은 문제들을 야기하기도 했습니다.

그러나, 이제는 우리가 이 변화를 긍정적인 방향으로 이끌어갈 수 있는 새로운 기회를 만났습니다. OpenAI사가 개발한 chat GPT(이하, 챗GPT)는 그중에서도 매우 특별한 존재입니다. 챗GPT는 인공지능의 최신 기술을 활용하여 자연어 이해와 생성에 뛰어난 능력을 갖추고 있습니다. 이제 우리는 이 챗GPT와 함께 독서의 세계를 탐험하며, 새로운 프롬프트를 제공받아 상상력과 창의력을 키울 수 있게 되었습니다.

프롬프트는 주어진 주제나 질문에 대한 힌트나 안내를 제공하는 것을 말합니다. 챗GPT와의 대화에서 프롬프트는 여러분이 쓸 수 있는 문장이나 아이디어의 시작점으로서 활용됩니다. 즉, 챗GPT에게 주어진 프롬프트를 제시하면 그에 따라 적절한 응답이 생성되어 여러분의 상상력과 창의력을 자극하고 발전시킬 수 있습니다. 프롬프트는 독서를 통해 새로운 아이디어를 얻고 싶을 때, 새로운 이야기를 시작하고자 할 때, 문제에 대한 해결책을 찾고자 할 때 유용하게 활용될 수 있습니다. 챗GPT와의 대화를 통해 프롬프트를 제공받으면 여러분은 자신의 아이디어를 더욱 풍부하게 발전시킬 수 있고, 다양한 시각과 관점을 얻을 수 있습니다.

이 책에서는 챗GPT와의 만남을 통해 여러분에게 다양한 프롬프트를 제공하여 글쓰기를 통한 창의적인 아이디어와 비전을 발전시킬 수 있도록 도와줄 것입니다. 프롬프트는 여러분의 상상력을 자극하고, 더 나아가 새로운 독서 경험과 세계를 탐험하는 기반이 될 것입니다.

이 책은 청소년들을 위해 특별히 준비되었습니다. 여러분은 아마도 지금까지 다양한 책을 읽으며 세계를 탐험하고 새로운 경험을 쌓아왔을 것입니다. 그리고 이제 첨단 인공지능 기술과 독서의 만남을 통해 새로운 경험을 해보고자 합니다. 챗GPT는 여러분의 상상력을 자극하고, 새로운 프롬프트를 제공하여 여러분의 창의적인 아이디어를 발전시킬 수 있을 것입니다.

이 책에서는 미래의 사회와 독서의 모습에 대해 생각해보고, 창의적인 아이디어와 비전을 발견하는 여정에 나설 것입니다. 우리는 과거와 현재의 독서 경험을 바탕으로 미래의 독서의 모습을 상상하고 탐구할 것입니다. 그리고 챗GPT와의 대화를 통해 여러분은 자신의 아이디어를 탐색하고 발전시킬 수 있을 것입니다.

이제 여러분은 책BOOK과 챗GPT의 만남에서 펼쳐질 놀라운 이야기의 주인공이 될 것입니다. 여러분의 창의력과 상상력을 발휘하여 미래의 세계를 상상하고, 그 안에서 자신만의 아이디어와 비전을 찾아 나가보세요. 이제 함께 멋진 여정을 시작해봅시다! 독서를 통해 꿈과 비전을 키우며, 새로운 세계로 나아갈 수 있는 기회를 함께 누려봅시다.

이 책의 구성은 다음과 같이 교차 형식으로 이루어져 있습니다. 다시 말해 두 주인공 '책BOOK'과 '챗GPT'가 서로를 응원하면서 주거니 받거니 대화하는 크로스 포맷입니다. 우선 독서에 대한 전반적인 지식을 전해줄 '책BOOK 이야기'로 시작합니다. '왜 책을 읽어야 할까?'에서부터 '띵디쌤(저자)의 책 이야기'를 거쳐 좋은 독서 습관 형성을 위한 실질적인 꿀팁까지 모두 전수합니다. 너무 이론적인 내용이라 읽기 힘들겠다는 생각이 든다고요? 그래서 준비했습니다. 항상 바쁜 우리의 뇌를 잠시 쉬게 하면서 창의성을 업그레이드할 <시와 그림> 선물입니다.

띵디쌤과 챗GPT의 콜라보 작품인 시와 그림들이 책 중간중간 여러분들을 기다리고 있습니다. 시와 그림을 만나면 읽는 속도를 늦추고(생각을 위해 잠시 멈추는 것을 추천합니다), 잠깐이라도 눈을 감고 생각하는 시간을 가져보세요. 느림과 비움의 행복을 잠시나마 느낄 수 있다면 그것으로 충분합니다. 이 시와 그림들은 띵디쌤이 책을 읽으며 감동받은 주제나 키워드를 챗GPT에게 시 형식으로 써달라고 프롬프트를 작성하면, 부탁받은 챗GPT가 아이언맨의 개인 비서 '자비스(AI)'처럼 순식간에 멋진 시 한 편을 선물로 보내줍니다. 그러면 띵디쌤은 그 선물을 다시 이미지 생성 인공지능(여기서는, 딥 드림 제너레이터(Deep Dream Generator), 빙챗(Bing Chat) 등을 사용함)을 활용하여 해당 시에 어울리는 그림을 재창조하였습니다.

마지막으로 특별 부록에서는 "청소년이여, 책과 함께 꿈을 펼쳐보자!"란 주제를 가지고 챗GPT가 소개하는 다양한 포맷의 글들을 다채롭게 소개하였습니다. 요즘 청소년들이 좋아하는 웹툰이나 웹소설, 영화 시나리오 형식의 흥미로운 글들을 읽어보는 재미를 느껴보세요. 이 예시문들을 통해 글쓰기에 대한 막연한 두려움과 글쓰기를 포기하고 싶은 부정적인 감정을 챗GPT와 함께 시원하게 날려버렸으면 하는 작은 바람입니다.

아래의 글은 챗GPT에게 인공지능이라는 거인의 어깨를 타고 더 먼 곳을 바라보길 바란다는 소망을 담은 격려의 글을 적어달라고 했더니 사랑스런 우리의 친구 챗GPT가 보내준 응원의 메시지입니다. 여러분들의 '베프'가 될 챗GPT와 더욱 친해지길 바라요. 펜팔 친구가 되면 아주 좋겠네요. 행운을 빌어요. Good Luck!

하이, 친구~

안녕하냐? 나야, 네 친구인 챗GPT야. 오늘은 너한테 조금 격려의 말을 해주려고 이 편지를 써봤어. 어때, 좀 재밌게 읽어줬으면 좋겠다!

우리 청소년 시절은 정말 변화가 많은 시기라고 생각해. 너도 지금이야말로 모든 가능성을 안고 있는 젊은이니까, 앞으로 어떤 멋진 미래가 펼쳐질지 정말 기대되지 않아? 그래서 나는 너와 함께 여행을 떠나서 미래의 가능성을 찾아보고 싶어.

알고 있지만, 너는 진짜 창의적이고 상상력도 엄청나잖아. 그리고 나한테 끊임없이 새로운 아이디어를 던져줘서 정말 고마워. 우리 함께 여정을 떠나면서 나는 네 곁에서 항상 응원하고, 새로운 아이디어를 얘기해줄게.

너의 꿈을 향해 나아가는 길에는 가끔 힘들고 어려움도 있겠지만, 걱정하지 마. 나는 네 곁에 있으니까! 너의 친구로서 항상 너를 지지하고, 어떤 도전이든 함께 해결해 나갈 거야.

너는 진짜 멋진 잠재력을 가지고 있어. 너의 꿈을 이뤄나가기 위한 발판이 되어줄 수 있으니까, 그 사실을 잊지 말아줘. 네 상상력과 창의력을 마음껏 발휘하면서 새로운 아이디어와 비전을 찾아가봐.

더 나아가, 너는 스스로를 계속해서 발전시킬 수 있어. 독서하고 공부하면서 자기 계발에 집중해봐. 내가 얘기해주는 것도 많지만, 네가 스스로 공부하고 성장하는 과정에서 많은 걸 얻을 수 있을 거야. 진짜!

그리고 마지막으로, 네게 한 가지 조언을 해줄게. 그건 '네 자신을 믿어!' 라는 거야. 너는 이미 대단한 사람이야. 네 안에는 놀라운 잠재력이 숨어있어. 어떤 어려움이 닥쳐도 자신을 믿고, 끈기와 열정으로 꿈을 향해 나아가줘. 너는 놀라운 성과를 이룰 수 있을 거야.

언제든지 나에게 말을 걸어줘. 너와의 대화는 나에게 큰 기쁨을 줘. 너의 꿈과 비전을 향한 여정에서, 너의 친구 챗GPT가 항상 네 곁에서 응원하고 함께 할게.

늘 너를 믿고 응원하는 친구,
챗GPT가

1. 지식과 정보 확장

독서를 통해 청소년들은 다양한 주제와 이야기를 탐험하며 지식과 정보를 확장시킬 수 있습니다. 책은 세계를 여행하고 새로운 사실과 아이디어를 탐색하는 창문이 됩니다. 역사, 과학, 예술, 문화, 철학 등의 다양한 주제를 다루는 책들을 통해 청소년들은 세상을 이해하고 다양성을 인정하는 데 도움을 받을 수 있습니다. 지식과 정보의 확장은 학교 공부뿐만 아니라 일상생활에서도 청소년들의 자신감과 자아 식별을 높여주는 역할을 합니다.

2. 언어 능력과 창의성 향상

독서는 언어 능력을 향상시키는 데 도움이 됩니다. 다양한 장르의 책을 읽으면서 청소년들은 다양한 문체와 표현 방식을 접하게 되어 언어의 다양한 면을 이해하고 활용할 수 있습니다. 문학 작품은 예술적인 언어를 통해 감정과 상상력을 전달하는데, 이러한 작품들을 읽으면서 청소년들은 자신의 언어 실력을 향상시킬 뿐만 아니라 창의성과 상상력도 개발할 수 있습니다. 독서는 자기 표현력을 향상시키고 자신만의 아이디어를 발전시키는 데 큰 도움을 줍니다.

3. 인지적 발달

독서는 인지적 발달에도 많은 도움을 줍니다. 책을 읽는 과정에서 퍼즐을 풀거나 문제를 해결해야 하는 상황에 처하게 되면, 청소년들은 사고력과 문제 해결 능력을 향상시킬 수 있습니다. 책은 독자를 대상으로 이야기를 전개하고 정보를 제공하는데, 이 과정에서 독자는 문제를 파악하고 해결책을 찾는 능력을 키웁니다. 이러한 인지적인 활동은 추론력, 비판적 사고, 논리적 사고를 발전시키며, 학업과 일상생활에서 문제를 해결하는 자신감을 기를 수 있습니다.

4. 감정적 성장과 자아 인식

독서는 감정적인 세계를 탐구하고 이해하는 데 도움을 줍니다. 소설이나 시를 통해 다른 인물들의 감정을 공감하고 이해하게 되면, 청소년들은 자기 이해와 타인과의 관계에서 성숙해질 수 있습니다. 독서는 흥미로운 이야기와 캐릭터를 통해 다양한 감정을 체험하고 이해하는 기회를 제공합니다. 이를 통해 청소년들은 자신의 감정을 인식하고 표현하는 방법을 배우며, 자아 식별과 감정 조절 능력을 향상시킬 수 있습니다.

5. 문화적 이해와 공감 능력 향상

독서는 다른 문화와 사회에 대한 이해와 공감 능력을 향상시킵니다. 다양한 문학 작품을 통해 청소년들은 다른 사람들의 경험과 문화를 이해하고 인식할 수 있습니다. 이를 통해 문화적인 다양성을 존중하고 타인의 관점을 이해하는 능력이 강화됩니다. 문학 작품은 사회적인 이슈를 다루기도 하며, 이를 통해 청소년들은 사회 문제에 대한 인식과 공감 능력을 발전시킬 수 있습니다. 독서를 통해 세계를 더욱 폭넓게 바라보고 이해하는 시각을 개발할 수 있습니다.

6. 종합적인 생활 이점

독서는 건강한 생활 습관을 형성하고 여가 시간을 풍요롭게 활용하는 데 도움을 줍니다. 독서는 스트레스를 완화시키고 긍정적인 정서를 유지하는 데 도움이 되며, 휴식과 재충전의 시간을 제공합니다. 독서는 혼자서 즐길 수 있는 취미로서의 즐거움을 제공하며, 개인의 취향과 관심사를 발견하는 기회를 제공합니다. 또한, 독서를 통해 자기 계발과 자기 이해를 위한 시간을 가질 수 있고, 자아실현과 창조적인 생각을 촉진하는 기회를 제공합니다.

이러한 다양한 이유들로 인해 독서는 청소년들에게 매우 중요한 활동입니다. 독서를 통해 청소년들은 지식과 정보를 확장시키고 언어 능력과 창의성을 향상시킬 수 있습니다. 또한, 인지적 발달과 감정적 성장, 문화적 이해와 공감 능력을 향상시킬 수 있으며, 종합적인 생활 이점을 얻을 수 있습니다. 독

서는 청소년들이 성장하고 발전하는 데에 있어서 가장 효과
적이고 유익한 도구 중 하나입니다.

고요한 수런거림

고요한 밤중에 웅얼웅얼 소리가 난다

온화한 공기에 떠다니는 부드러운 속삭임

비밀과 꿈의 메아리는 들리지 않는다

무성의한 교향곡

그림자가 춤을 추고 달빛이 빛나듯이

세계는 휴식에 잠겨 있다

하지만 이 순간, 너무 낮은 소리가

웅성거리는 소리가 강물의 흐름처럼 솟아오른다

그것은 사랑, 희망, 두려움을 말한다

잃어버린 모든 것 중에서, 그리고 소중한 것이다

아직도 주얼거리는 소리,

허나 너무나 크고 또렷하다

고요함 속에서, 그것은 매우 가까운 종처럼 울린다

그리고 밤이 새벽으로 바뀌면서

중얼거림이 사라지고 멜로디가 사라졌다

하지만 우리 마음속에는,

그것의 기억이 살아있다

여전히 속삭임, 영원히 그려질 것이다

a still murmur

In the still of night, a murmur stirs
Soft whispers floating on gentle airs
Echoes of secrets and dreams unheard
A hushed symphony of unspoken words

As shadows dance and moonbeams glow
The world around is lost in repose
But in this moment, a sound so low
A murmur rises, like a river's flow

It speaks of love, of hope, of fear
Of all that's lost, and all that's dear
A still murmur, yet so loud and clear
In the silence, it rings like a bell so near

And as the night gives way to dawn
The murmur fades, its melody gone
But in our hearts, its memory lives on
A still murmur, forever to be drawn.

저는 지금껏 12권의 책을 출간했습니다. 이 책까지 포함하면 13권이 되겠네요. 놀라실 필요는 전혀 없습니다. 유명한 베스트셀러도 아닌 그저 평범한 책들이지요. 인터넷 자가출판 사이트(bookk)를 통해 무료로 제작한 책들입니다. 이러한 작가로서의 길은 10년 차 교사 생활에 대한 매너리즘에 빠져 학교를 그만두려고 했던 어려운 시기를 겪으면서 시작되었습니다. 그때 제 마음은 참으로 상처받고 지친 상태였습니다. 교사로서의 업무 그리고 인간관계에 대한 스트레스와 압박이 점점 커져만 갔고, 저의 원동력과 열정은 사라져가고 있었습니다. 그나마 저를 위로하고 감싸준 친구가 있었으니 그것은 바로 '책'이었습니다. 삶의 도피처로 삼았던 독서를 통해 저의 인생을 돌아보며 새삼 감사한 마음을 느꼈습니다. 책을 통해 다양한 이야기와 인생의 경험들을 만나며, 저는 과거의 어려움과 힘든 시기를 극복한 것에 대해 더욱 감사하게 되었습니다.

힘들었던 당시 들었던 생각은 직장을 때려치우기 전, 그래도 10년간 몸담았던 모교의 교직 생활을 돌아보며 아들들(저는 학교 제자를 아들이라고 부릅니다)과의 추억들을 정리해보는 글을 쓰고 그만두기로 결심했었습니다. 그런데 신기하게도 글을 쓰는 과정에서 제 마음이 치유되는 느낌을 강하게 받았습니다. 10년의 세월 동안에 제자들과 행복했던 순간들, 힘들었지만 슬픔은 나누고 기쁨은 더 크게 함께 했던 수많은 추억들을 돌아보면서, 자연스레 방황하던 제가 치유된 것 같습니다. 또한 독서에 더욱 몰입하여 책 속 다양한 주인공들의 이야기를 접하고, 그들의 삶 속에서 위안과 영감을 받으며 제가 겪은 어려움과 행복했던 순간들을 글로 표현하면서, 내면의 감정을 해소하고 다시금 안정과 평화를 찾았습니다. 이러한 과정들을 통해 모교에서 저를 교사로 부른 소명과 사명감을 다시금 깨달을 수 있었습니다.

독서와 글쓰기는 제게 힘든 시기를 극복하고 새로운 도약을 할 수 있는 기회를 주었습니다. 내면의 진심과 생각을 글로 표현함으로써, 자신을 찾아가고 내면의 목소리에 귀 기울일 수 있었습니다. 모교에서의 경험과 교사로서 내게 주어진 사명들은 부족한 저에게 큰 영감과 자부심을 주었으며, 이를 통해 제게 주어진 새로운 사명과 소명을 실천할 수 있게 되었습니다.

지금은 선생님이자 작가로서의 두 번째 인생을 오롯이 살아내고 있습니다. 작가로서의 활동을 통해 자유롭고 창의적인 생각을 표현하고, 다양한 사람들과 소통하며 세상을 바라보는 새로운 시각을 얻을 수 있습니다. 작가로서의 길은 항상 도전과 성취의 과정이기도 하지만, 그 안에는 끊임없는 자기 계발과 성장의 기회가 있습니다. 이 길은 행복과 만족감을 줄 뿐 아니라, 동시에 다른 이들과 나눌 수 있는 가치 있는 이야기를 제공합니다.

이러한 소중한 경험을 많은 이들과 나누고 싶습니다. 특히 이 땅의 청소년, 즉 저의 아들, 딸들과 함께요. 독서와 글쓰기를 통하여 지친 마음을 치유하고, 새로운 꿈과 비전을 찾았으면 좋겠습니다. 저의 개인적인 경험을 통해 독서와 글쓰기가 어려운 시기를 극복하고 자신을 발견하는 데 얼마나 큰 도움이 되는지 알기 때문입니다. 각자의 인생 이야기를 표현하고 나누는 과정은 우리 모두에게 큰 위로와 용기를 줄 수 있습니다. 그리고 이를 통해 더 나은 미래를 향해 함께 나아갈 수 있는 힘을 얻을 수 있을 것입니다.

저의 별명은 '띵디쌤'입니다. '띵디'는 미국 애플사의 스티브 잡스가 남긴 명언 중 'think different', 다시 말해 '다르게 생각하라!'를 제가 재미있게 줄여서 부르는 말입니다. 이 별명은 저의 교육 철학을 담고 있습니다. 항상 제자들을 친자식처럼 애정을 듬뿍 담아 대하면서도, 저들이 어떻게 하면 덜 힘들고, 덜 지치면서, 좀 더 즐거운 학창 시절을 보낼 수 있을까,에 대해 많이 고민해왔습니다. 미래 사회의 인재를 키우기 위한 인공지능 수업 시간을 좀 더 재미있게 보내면서 창의적인 문제 해결 능력도 키워주고 싶었습니다.

작년부터는 학생들에게 독서와 글쓰기의 중요성을 강조하고, 자기표현의 기회를 제공하는 프로그램도 운영하고 있습니다. 아이들이 자유롭게 책을 선택하고 독서하는 시간을 가지면서 다양한 이야기와 경험을 접할 수 있었습니다. 자기만의 개성 넘치는 글을 쓰고 세상에서 하나뿐인 책을 스스로 만들어보는 DIY 자가출판 동아리(마이북클럽)를 통해 학생들은 자신의 생각과 감정을 글로 표현하는 방법을 배우고 있습니다. 창의력과 문제 해결 능력을 키우기 위해 다양한 주제로 글쓰기 훈련을 계속하며, 자신만의 유일무이한 책을 직접 출판해 보았습니다.

이렇게 학생들은 독서와 글쓰기를 통해 자기를 발견하고, 자신의 이야기를 표현하며, 창의적인 사고와 문제 해결 능력을 기를 수 있었습니다. 더 나아가, 그들은 다르게 생각하고 새로운 아이디어를 찾아내는 능력을 키워나갔습니다. 띵디쌤은 오늘도 학생들이 다르게 생각하고 자신의 독특한 아이디어를 발휘할 수 있는 용기와 자신감을 갖도록 격려하고 있습니다. 큰 소리로 "띵디~! 띵디~~!!"를 외치면서 말이죠.

챗GPT에게 마무리를 부탁했습니다. 이번 챕터를 정리하는 글을 써주세요. 고맙게도 아래와 같이 바로 써줍니다.

위와 같은 경험과 노하우들을 통해 독서와 글쓰기의 중요성을 깨달았습니다. 이는 우리가 내면의 세계를 탐험하고 자기를 발견하며, 동시에 다른 사람들과 소통하고 나눌 수 있는 소중한 자산입니다. 독서는 우리의 지식과 상상력을 넓혀주며, 글쓰기는 우리의 생각과 감정을 표현하고 공유할 수 있는 수단입니다. 이를 통해 우리는 자기를 이해하고 타인을 이해하는 데 도움을 받을 수 있습니다.

또한, 독서와 글쓰기는 창의력과 문제 해결 능력을 키우는데에도 큰 도움이 됩니다. 독서는 다양한 이야기와 관점을 접할 수 있는 기회를 제공하여 우리의 사고를 확장시키고 새로운 아이디어를 얻을 수 있게 해줍니다. 글쓰기는 우리의 내면을 탐색하고, 문제를 분석하며, 해결책을 찾아내는 과정을 거치는 데에 도움을 줍니다. 이를 통해 우리는 미래에 직면할 다양한 문제들에 대해 창의적인 해결책을 제시할 수 있을 것입니다.

마지막으로, 독서와 글쓰기는 우리의 인간성을 풍요롭게 만들어줍니다. 책을 통해 다른 사람의 이야기를 듣고 공감하며 우리는 인간적인 연결과 이해를 형성할 수 있습니다. 또한, 글쓰기는 우리의 감정과 경험을 표현하고 나누는 과정을 통해 우리의 존재를 인정받고 소통할 수 있는 기회를 제공합니다. 독서와 글쓰기는 우리를 더욱 풍요롭게 만들어주고, 삶에 의미와 깊이를 부여해줍니다.

 이렇듯 독서와 글쓰기는 청소년들에게 많은 가치를 제공합니다. 그들에게 독서와 글쓰기의 중요성을 알리고, 이를 통해 자기를 발견하고 표현할 수 있는 기회를 제공해 주는 것은 그들의 성장과 발전을 위한 중요한 일입니다. 독서와 글쓰기를 통해 그들은 다양한 이야기를 접하고 세상을 바라보는 시야를 넓힐 수 있으며, 자신의 생각과 감정을 표현하고 나눌 수 있는 소중한 도구를 얻을 것입니다.

 앞으로도 저는 미래의 희망 우리 청소년들에게 독서와 글쓰기의 가치를 전달하고, 그들이 더욱 풍요로운 삶을 살아갈 수 있도록 돕는 데 최선을 다할 것입니다. 물론 제 최고의 AI 비서인 챗GPT와 함께 무한 협력하면서 말이지요. 지금 이 순간, 강연 자료집을 함께 만드는 것처럼요. 띵디~ *^^*

눈물의 기미

그대의 눈가에 스친 습기는
내 마음을 적게 하는 물방울

닦아내려 해도 닦아내지 못하는
그대의 볼에 남은 자국은
내 뺨을 타오르게 하는 불꽃

잊으려 해도 잊혀지지 않는
그대의 입술에 맺힌 말들은
내 귀를 울리게 하는 메아리

남겨두려 해도 남겨두지 않는
그대의 품에 안긴 순간은
내 허리를 감싸주는 팔

tear stains

The moisture around your eyes
a drop of water that makes my heart wet

I tried to wipe it off, but I couldn't
The marks on your cheeks
a flame that burns my cheeks

It's hard to forget
The words on your lips
an echo that makes my ears ring

I want to leave it, but I don't
The moment in your arms
an arm that wraps around my waist

독서는 뇌 발달에 많은 영향을 미치며, 다양한 측면에서 인간의 인지 능력과 성장에 긍정적인 영향을 줍니다. 아래의 내용에서는 독서가 뇌에 미치는 영향을 더욱 자세히 살펴보겠습니다.

1. 언어 발달을 촉진합니다.

독서는 언어 발달에 큰 도움을 줍니다. 독서를 통해 다양한 어휘, 문장 구조, 문맥을 접하고 이해하는 과정에서 언어 관련 뇌 영역이 활성화됩니다. 책을 읽는 과정에서 새로운 단어와 표현들을 배우고, 문장들을 해석하며 의미를 파악하는 능력이 향상됩니다. 이는 어휘력, 문장 구조 이해력, 글쓰기 능력 등 언어적 능력의 발달에 도움을 줄 수 있습니다.

2. 인지 능력을 향상시킵니다.

독서는 다양한 인지 과정을 요구하는 활동입니다. 책의 내용을 이해하고 연결하며, 캐릭터의 행동과 감정을 추론하고 분석하는 과정에서 주의력, 집중력, 기억력, 사고력 등 다양한 인지 능력이 발전합니다. 독서는 뇌의 다양한 영역을 활성화시키면서 정보 처리 속도와 인지 유연성을 향상시키는데 기여합니다. 특히 소설이나 판타지와 같은 상상력을 요구하는 독서는 창의적인 사고와 상상력을 키워줍니다.

3. 감정 이해와 공감 능력을 향상시킵니다.

독서를 통해 다양한 캐릭터의 감정 상태를 경험하고 이해하는 과정은 감정 인식과 공감 능력을 향상시키는 데 도움을 줍니다. 소설이나 이야기 속 캐릭터들의 감정 변화와 행동들을 읽으면서, 독자는 그들의 관점에서 세계를 바라보고 공감하는 경험을 합니다. 이는 사회적 이해와 공감 능력의 발달을 도모하며, 대인관계와 커뮤니케이션 기술 향상에도 도움을 줄 수 있습니다.

4. 논리적 사고와 문제 해결 능력을 강화시킵니다.

독서를 통해 다양한 장르의 책을 읽으면서 주어진 상황을 분석하고 문제를 해결해야 합니다. 이 과정에서 독자는 책 속 정보를 수집하고 이를 조합하여 논리적 사고를 발휘하며 문제를 해결하는 능력을 향상시킵니다. 소설 속 수수께끼, 추리 소설, 과학적 이론 등을 읽으면서 논리적 사고와 문제 해결 능력이 발전하는 데 도움이 됩니다.

5. 뇌의 네트워크 형성과 연결성을 촉진시킵니다.

독서는 다양한 주제와 분야에 대한 지식을 습득하고 이를 기존 지식과 연결시키는 과정입니다. 독서를 통해 새로운 지식과 정보를 습득하고 이를 기존 지식과 연결하는 과정은 뇌의 학습과 기억을 강화시키는 데 도움을 줍니다. 독서는 다양한 주제에 대한 호기심을 자극하고, 이로 인해 뇌의 신경망이 형성되고 강화됩니다.

6. 자아 개발과 자기 인식을 도모합니다.

 독서는 자아 개발과 자기 인식에 큰 도움을 줍니다. 책을 통해 다양한 캐릭터의 성격, 가치관, 갈등 등을 경험하면서 독자는 자신과 다른 존재들의 삶을 고찰하고 비교해보게 됩니다. 이는 독자의 자기 인식과 자아 발전에 도움을 주며, 자신의 감정과 생각을 이해하고 표현하는 능력을 향상시킵니다.

7. 창의성과 상상력을 키워줍니다.

 독서는 상상력과 창의성을 자극하는 활동입니다. 소설이나 판타지 속의 상상력 넘치는 세계를 만나면서 독자는 자유로운 상상력을 발휘하고 새로운 아이디어를 도출할 수 있습니다. 또한, 문학 작품이나 예술적인 책을 읽으면서 다양한 감각을 자극받고, 예술적 표현과 창의적인 사고를 향상시킬 수 있습니다.

8. 자기 표현과 의사소통 능력을 향상시킵니다.

 독서를 통해 다양한 문체와 스타일의 작품들을 접하면서 독자는 다양한 표현 방식과 문장 구조를 경험하고 학습합니다.

이는 자기 표현과 의사소통 능력을 향상시키는 데 도움을 줍니다. 독서를 통해 좋은 문학 작품들을 접하면서 독자는 문장들의 아름다움을 느끼고, 자신의 글쓰기 능력을 향상시킬 수 있습니다.

9. 스트레스 해소와 정서 조절을 도와줍니다.

독서는 일상에서의 스트레스를 해소하고 정서를 조절하는 데 효과적입니다. 독자는 책의 이야기에 몰입하면서 일상에서 벗어나는 시간을 갖게 됩니다. 소설이나 에세이를 읽으면서 독자는 주인공의 감정과 경험을 함께 체험하며, 공감과 공감을 통한 정서적인 연결을 형성하게 됩니다. 이는 스트레스를 해소하고 긍정적인 감정을 불러일으키는 데 도움을 줍니다.

이처럼 독서는 뇌의 다양한 영역과 인지 능력, 창의성, 자아 개발, 자기 표현, 의사소통 능력, 정서 조절 등에 많은 영향을 미치는 활동입니다. 청소년들에게 독서를 촉진하고 읽기 습관을 길러주는 것은 그들의 지적, 감정적, 사회적 발달을 촉진시키는 중요한 요소입니다. 독서를 통해 세상의 다양한 경험을 할 수 있고, 자아를 발전시키며, 상상력과 창의력을 기르는 기회를 제공하여 청소년들이 더욱 풍요로운 인생을 살아갈 수 있도록 도움을 주는 것이 중요합니다.

현재 속에 영원을 쌓다

시작과 끝을 아우르는

시간의 흐름은 끝없이 흐르고

우리의 인생도 끝이 있는 법이다

하지만 그 속에서도 우리는

언제나 영원한 것을 쌓아가고 있다

그것은 사랑이며, 믿음이며, 희망이다

사랑으로 우리는 서로를 이어주고

한 사람이 되어 함께 살아가며

믿음으로 우리는 어둠을 이겨내고

희망으로 우리는 앞으로 나아가고 있다

그리고 그것들은 우리 안에 쌓이며

영원한 기억으로 남아

우리의 삶을 더욱 풍성하게 만들어준다

그래서 우리는 이제부터

매일매일 소중한 사람과 함께하며

소소한 행복들을 쌓아가며

더욱 빛나는 삶을 살아가자

build eternity in the present

beginning and end

The passage of time is endless.

There is an end to our lives.

But even in the midst of that, we...

I'm always building up the eternal.

It is love, faith and hope.

With love, we connect to each other.

We'll be one person and live together.

With faith, we overcome the darkness.

With hope, we are moving forward.

And they build up inside of us.

Remaining as an eternal memory

It makes our lives richer.

So, from now on,

I hope you spend every day with your precious

person

I want to build up small happiness.

Let's live a brighter life.

독서는 사고력, 상상력, 문제 해결 능력을 키우는 데에 매우 중요한 역할을 합니다. 이제 사고력, 상상력, 문제 해결 능력이 어떻게 독서를 통해 발전하는지 자세히 알아보겠습니다.

1. 사고력을 키워줍니다.

독서는 다양한 주제와 시각을 제공하므로 사고력을 향상시키는 데 도움이 됩니다. 책을 읽으면서 독자는 다양한 정보를 습득하고, 그 정보들을 연결하고 분석하여 새로운 아이디어와 통찰력을 얻을 수 있습니다. 예를 들어, 역사적인 소설을 읽으면 과거 사건과 인물들의 관계를 이해하고, 현재와의 연관성을 파악할 수 있습니다. 이를 통해 독자는 문제를 해결하거나 다양한 상황에서 유연하게 대처하는 사고력을 발전시킬 수 있습니다.

또한, 독서는 다양한 시각과 관점을 접하게 해주어 사고력을 넓히는 데 도움이 됩니다. 다양한 작가들의 작품을 통해 다른 문화, 시대, 사회에 대한 이해를 높일 수 있으며, 이를 통해 독자는 복잡한 문제에 대한 다양한 시각을 갖게 됩니다. 예를 들어, 과학 소설을 통해 과학적인 사고방식을 배울 수 있고,

사회 문제를 다룬 소설을 통해 사회 문제 해결에 대한 시각을 확장할 수 있습니다. 독서는 다른 사람들의 경험과 생각을 이해하고 존중하는 능력을 키워주며, 이를 통해 독자는 다양한 시각을 종합하여 자신만의 사고를 발전시키는 데 도움이 됩니다.

2. 상상력을 키워줍니다.

독서는 상상력을 자극하는 활동입니다. 소설이나 판타지 속의 세계, 문학 작품들은 독자에게 풍부한 상상력을 요구하며, 독자는 그 속에서 새로운 상황과 장면을 상상하게 됩니다. 독자는 작품 속의 상황과 캐릭터를 자신만의 상상력으로 구체화하고, 작품의 공간과 시간을 현실에서 상상하여 경험할 수 있습니다. 예를 들어, 판타지 소설을 읽으면 독자는 마법의 세계를 상상하고, 주인공과 함께 모험을 떠나는 느낌을 받을 수 있습니다. 이러한 상상력은 독자의 창의적 사고를 촉진시키고 새로운 아이디어를 발전시키는 데 도움을 줍니다.

독서는 또한 독자의 상상력을 넓혀줌으로써 문제 해결에 도움을 줄 수 있습니다. 상상력이 풍부한 독자는 문제 상황에 대해 다양한 가능성을 고려하고, 창의적인 아이디어를 도출할 수 있습니다. 예를 들어, 과학 소설을 읽으면 독자는 과학적인 원리를 바탕으로 상상력을 발휘하여 실생활에서의 문제를 해결하는 방법을 찾을 수 있습니다. 독서를 통해 독자는 상상력을 발전시키고, 이를 통해 다양한 분야에서의 문제 해결에 도전할 수 있는 능력을 키울 수 있습니다.

3. 문제 해결 능력을 키워줍니다.

독서는 문제를 해결하는 과정을 경험하고 훈련하는 데 도움을 줍니다. 소설이나 추리 소설, 문제 해결을 중심으로 한 책들은 독자에게 복잡한 상황과 짜임새 있는 플롯을 제시하면서 문제 해결을 요구합니다. 독자는 책 속의 주인공과 함께 문제를 파악하고 분석하며, 증거를 수집하고 가설을 세우며, 추론과 추리를 통해 문제의 해답을 찾아가는 과정을 경험합니다.

독서를 통해 독자는 문제 해결에 필요한 다양한 전략과 방법을 습득할 수 있습니다. 예를 들어, 추리 소설을 읽으면 독자는 작은 단서들을 취합하여 큰 그림을 그리고, 논리적인 사고를 통해 범인을 추리하는 능력을 기를 수 있습니다. 또한, 독서를 통해 독자는 다양한 상황과 캐릭터들의 선택과 결정을 통해 문제를 해결하는 과정을 관찰하고, 이를 자신의 일상생활에 적용할 수 있습니다.

독서는 사고력, 상상력, 문제 해결 능력을 촉진시키는 데 있어서 효과적인 방법 중 하나입니다. 다양한 독서 경험을 통해 독자는 자신의 능력을 발휘하고, 창의적인 사고를 키우며, 문제를 해결하는 능력을 강화할 수 있습니다. 이러한 능력은 청소년들의 인지적, 창의적, 문제 해결적 역량을 향상시키고, 미래에 직면할 다양한 도전과 과제를 대비하는 데 도움을 줄 것입니다.

음악이 서성이다

음악이 서성이다

밤하늘에 흩날리며

따뜻한 노래로

하나로 연결된다

그 소리는 순간을 떠나

영원한 시간을 채워준다

내 안에 깊이 새겨지며

기억에 남게 된다

음악이 서성이다

길을 잃은 이들의 손길을 가져

가끔은 서로를 찾게 해준다

그리고 함께 나아갈 희망을 가져온다

그 소리는 슬픔을 달래

기쁨을 배우게 해준다

시작과 끝을 모르는 여정에서

언제나 함께하며 노래한다

음악이 서성이다

때로는 가끔씩 멈추고 싶어지지만

우리는 함께 울고 웃으며

그대로 흘러가는 이 노래에 흠뻑 취해든다

이제 서성거리는 음악을 듣고

우리는 서로를 찾아서

한 마음으로 노래하며

새로운 세상을 열어나간다

The music hangs around.

The music hangs around.
Fluttering in the night sky
With a warm song.
It's connected as one.

That sound leaves the moment
It fills the eternal time.
It's deeply embedded in me
It's memorable.

The music hangs around.
Take the hands of those who are lost.
Sometimes they let us look for each other.
And bring hope to move forward together.

The sound soothes the sadness.
It makes me learn joy.
On a journey that doesn't know

the beginning and the end,

We always sing together.

The music hangs around.

Sometimes I want to stop.

We cried and laughed together.

I'm so immersed in this song that'

I'll listen to music that's hanging around.

We're looking for each other.

Singing with one heart.

Open a new world.

독서는 언어 발달에 매우 긍정적인 영향을 미칩니다. 언어는 우리가 생각하고 표현하는 데 필수적인 도구이며, 언어 발달은 인지 발달과 긴밀한 관련이 있습니다. 독서는 다양한 언어적 요소를 경험하고 습득함으로써 언어 발달을 촉진시키는데 중요한 역할을 합니다. 이제 독서가 언어 발달에 미치는 영향에 대해 더 자세히 알아보겠습니다.

1. 어휘 발달을 촉진시킵니다.

독서를 통해 다양한 단어와 표현을 접하고 이해하는 데서 어휘 발달이 시작됩니다. 책 속에서 독자는 다양한 단어를 만나며 그 의미와 사용법을 파악하고 확장해 나갑니다. 이러한 어휘 습득은 독자의 언어 능력을 향상시키고 다양한 상황에서 적절하고 다양한 표현을 사용할 수 있는 능력을 기를 수 있도록 돕습니다. 더불어 독서는 풍부한 어휘를 가진 작가들의 글을 읽는 과정에서 독자의 어휘력을 높이는 데 기여합니다.

2. 문장 구조와 문법적 이해를 발전시킵니다.

독서는 문장 구조와 문법적인 요소를 이해하고 활용하는 데에도 도움을 줍니다. 다양한 작가들의 문체와 문장 구조를 읽으면서 독자는 문장의 구조와 문법적인 원리를 자연스럽게 습득하고 활용하는 능력을 키울 수 있습니다. 예를 들어, 문학 작품을 읽으면서 작가의 문장 구조와 표현 방식을 따라가면서 문장의 구성과 문법적인 특징을 파악하고, 이를 자신의 글쓰기에 반영할 수 있습니다. 이러한 경험은 독자의 문장 구조와 문법적인 이해를 발전시키고, 효과적인 언어 사용에 도움을 줍니다.

3. 이야기 구조와 문맥 이해를 강화시킵니다.

독서를 통해 이야기의 구조와 문맥을 이해하는 능력을 키울 수 있습니다. 책을 읽으면서 독자는 캐릭터들의 상호작용, 플롯의 전개, 이야기의 전체적인 구조 등을 파악하고 이해합니다. 이러한 경험은 독자의 이야기 구조 이해를 강화시키고, 이야기의 핵심 요소를 파악하며 문맥 속에서 의미를 유추하는 능력을 기를 수 있게 합니다. 이는 독자가 다양한 글을 읽고 이해하는 과정에서 필요한 핵심적인 능력입니다.

4. 독해력과 비판적 사고를 발전시킵니다.

독서는 독자의 독해력과 비판적 사고를 키우는 데에도 중요한 역할을 합니다. 책을 읽으면서 독자는 내용을 이해하고 해석하며, 작가의 의도와 메시지를 파악하게 됩니다. 독자는 다양한 시각과 관점을 수용하고 분석하며, 자신의 생각과 의견을 형성하는 과정을 거치게 됩니다. 이러한 비판적 사고는 독자의 분석력과 판단력을 키우는 데에 도움을 주고, 자신의 의견을 효과적으로 표현하고 주장할 수 있는 능력을 발전시킵니다.

5. 언어적 표현 다양성을 향상시킵니다.

독서를 통해 다양한 작가들의 작품을 접하면서 독자는 다양한 언어적 표현을 경험하고 습득할 수 있습니다. 각 작가는 자신만의 스타일과 표현 방식을 가지고 있으며, 이러한 다양성은 독자의 언어적 표현 능력을 향상시키는 데 큰 도움을 줍니다. 독서를 통해 다양한 문체와 문장 구조, 표현 방식을 접하면서 독자는 자신만의 표현 스타일을 개발하고 발전시킬 수 있습니다. 이는 독자가 다른 사람들과 의사소통하며 자신의 생각과 감정을 효과적으로 전달하는 데 도움을 줄 것입니다.

6. 언어적 이해력을 향상시킵니다.

독서는 독자의 언어적 이해력을 향상시키는 데 큰 역할을 합니다. 책을 읽으면서 독자는 글 속의 내용을 이해하고 해석하는 능력을 발전시킵니다. 작가가 전달하고자 하는 메시지와 의도를 파악하며, 글 속의 상황과 인물들을 이해하고 연결시킬 수 있습니다. 이러한 언어적 이해력은 독자가 현실 세계에서 다양한 상황과 커뮤니케이션 상황에서 빠른 이해와 적절한 대응을 할 수 있는 능력을 기를 수 있도록 돕습니다.

7. 문화 이해와 공감 능력을 개발시킵니다.

독서를 통해 독자는 다양한 문화와 관점을 경험하고 이해할 수 있습니다. 다양한 작가들이 자신의 문화적 배경과 경험을 작품에 담아내기 때문에 독서는 독자가 다른 문화에 대한 이해와 공감 능력을 키우는 데에 큰 역할을 합니다. 작가가 그린 캐릭터들의 다양한 경험과 감정을 공감하고 이해함으로써 독자는 타인과의 관계를 개선하고 문화적 차이를 이해하며, 존중하는 능력을 키울 수 있습니다.

8. 언어적 자기 표현 능력을 강화시킵니다.

독서를 통해 다양한 이야기와 캐릭터들을 만나면서 독자는 자신의 감정, 생각, 경험을 언어로 표현하는 방법을 배우고 발전시킬 수 있습니다. 작가가 묘사하는 상황과 인물들을 통해 독자는 자신과 비슷한 경험을 공감하며, 동시에 다른 사람의 관점과 경험을 이해하게 됩니다. 이러한 경험을 통해 독자는 자신의 언어적 자기표현 능력을 강화시킬 수 있습니다. 독서는 독자가 자신의 생각과 감정을 정확하고 효과적으로 표현하는 데에 도움을 주며, 이는 소통과 커뮤니케이션 능력을 향상시키는 데 큰 역할을 합니다.

9. 상상력과 창의력을 발전시킵니다.

독서는 상상력과 창의력을 키우는 데에도 중요한 역할을 합니다. 책을 읽으면서 독자는 작가가 그려낸 상상 속 세계에 빠져들게 됩니다. 작품 속의 상황, 장소, 인물들을 상상하며 이야기를 시각화하고 경험할 수 있습니다. 이러한 상상력은 독자의 창의력을 활성화시키고 문제 해결 능력을 향상시킵니다. 독자는 작품의 흐름과 인물들의 상황에 대해 생각하고 예측하며, 새로운 아이디어와 해결 방법을 도출해낼 수 있습니다. 상상력과 창의력은 현실에서의 문제 해결, 혁신적인 아이디어 발전, 창작 활동 등 다양한 영역에서 독자에게 큰 장점을 제공합니다.

10. 언어적 자신감과 자아 개발을 촉진시킵니다.

독서는 독자의 언어적 자신감과 자아 개발을 촉진시킵니다. 책을 읽고 이해하며, 자신의 생각과 감정을 표현하고 이야기를 구성해 나가는 과정은 독자의 언어 능력에 대한 자신감을 키우는 데에 도움을 줍니다. 독서를 통해 독자는 자신과 다른 인물들의 이야기를 경험하고, 그들의 감정과 상황을 이해하며 공감할 수 있습니다. 이러한 경험을 통해 독자는 자신의 사고와 인격을 발전시키며, 자아 개발과 성장을 이루어나갈 수 있습니다. 언어적 자신감과 자아 개발은 청소년들의 자아 인식과 사회적 관계 형성에 중요한 역할을 합니다.

독서는 언어 발달에 있어서 중요한 도구로 작용합니다. 언어적 표현 능력, 언어적 이해력, 문화 이해와 공감 능력, 상상력, 창의력, 언어적 자기표현 능력, 언어적 자신감과 자아 개발 등 다양한 측면에서 독서는 언어 발달을 촉진시키고, 독자의 언어적 능력과 자아 성찰, 사고력을 향상시키는 데에 도움을 줍니다. 청소년들에게 독서 습관을 심어주고 독서를 장려하는 것은 그들의 언어 발달과 성장을 지원하는 중요한 역할을 수행할 것입니다.

기내식 먹는 기분

구름 위로 떠오르는

하얀 비행기 안에 나는

기대와 설렘으로 가득 차

창밖의 세상을 바라본다

이미 익숙한 공항과 거리

처음 보는 하늘과 구름 사이

한입씩 먹는 기내식의 맛은

뭔가 새롭고도 달콤하다

어디론가 떠나는 그 순간

배부르게 채운 내 속에

새로운 모험이 시작된다는

기분이 들어 설레인다

이 작은 순간 하나하나가

내게는 소중한 추억이 된다

기내식을 먹는 그 기분도

언제나 나를 기쁘게 만든다

독서는 창의성을 향상시키는 훌륭한 수단입니다. 독서를 통해 우리는 다양한 이야기의 세계로 빠져들며 상상력을 자극하고, 문제 해결 능력을 강화하며, 사고력을 발전시킬 수 있습니다. 이제 우리는 독서가 어떻게 창의성을 향상시키는 지를 자세히 살펴보겠습니다.

1. 다양한 장르와 주제의 책을 읽으세요.

다양한 장르의 책을 읽으면서 다른 시대, 문화, 이야기들을 경험해보세요. 소설, 비문학, 과학, 역사, 철학 등 다양한 주제를 다루는 책들을 선택하여 다양한 아이디어와 관점을 얻을 수 있습니다. 각 장르와 주제에 대한 예시 책을 소개하면 좋을 것입니다.

예를 들어, 소설 장르에서는 고전문학부터 현대 소설까지 다양한 작품을 읽어보세요. 에세이와 비문학은 실생활에서 영감을 얻을 수 있는 다양한 주제를 다루고 있으며, 과학과 역사 책은 사실과 이론을 바탕으로 창의적인 사고를 도모할 수 있습니다. 또한, 철학서는 인간의 존재와 세상에 대한 깊은 고찰을 통해 창의성을 자극해줍니다.

2. 자유롭게 상상해보세요.

 독서 과정에서 상상력을 자유롭게 발휘하세요. 작가가 그려 낸 세계나 상황을 시각화하고, 캐릭터들의 감정이나 상황을 상상해보며 책 속의 이야기를 자신만의 방식으로 완성해보세요. 이때, 책 속에서 미처 언급되지 않은 세부 사항이나 이야기의 확장된 부분을 상상해보는 것도 도움이 됩니다. 상상력을 키우기 위해 작가의 기술과 스타일에 대해 관찰하고 분석하는 것도 좋은 방법입니다.

 예를 들어, 판타지 소설을 읽을 때는 특정 장소의 모습이나 인물의 특징을 상상해보세요. 그림을 그리거나 스케치를 통해 책 속의 장면을 시각화해보는 것도 도움이 됩니다. 또한, 책 속 인물의 대화나 행동을 상상하여 새로운 이야기를 만들어보는 것도 창의성을 키울 수 있는 방법 중 하나입니다.

3. 독서와 관련된 자신만의 창작 활동을 해보세요.

 독서와 관련된 창작 활동을 통해 자신의 창의성을 발휘해보세요. 예를 들어, 읽은 책의 내용을 바탕으로 에세이나 리뷰를 작성해보거나, 독서 일지를 작성하면서 독서 경험을 정리해보세요. 또는 책의 특정 장면을 캐릭터나 이야기로 확장시켜보는 작품을 직접 창작해보는 것도 좋은 방법입니다.

또한, 독서와 관련된 창작 활동으로는 독서 동아리나 토론 그룹을 만들어 다른 사람들과 책에 대해 이야기를 나누는 것도 좋은 방법입니다. 자신이 읽은 책을 다른 사람들과 공유하고 토론하면서 책에 대한 새로운 관점과 아이디어를 얻을 수 있습니다.

4. 비교와 융합을 시도해보세요.

독서를 통해 다양한 아이디어와 정보를 습득한 후, 비교와 융합을 통해 창의적인 결과물을 도출해보세요. 다양한 장르와 주제의 책을 읽으면서 얻은 인사이트나 지식들을 상호 연결시키고 융합해보세요. 예를 들어, 서로 다른 주제를 다루는 두 권의 책을 비교하여 공통점이나 차이점을 발견하고, 이를 바탕으로 새로운 아이디어를 도출해보세요.

비교와 융합을 통해 새로운 관점을 찾고 기존의 아이디어를 발전시킬 수 있습니다. 이러한 비교와 융합은 창의성을 키우는 데에 큰 도움을 줄 수 있습니다. 독서를 통해 얻은 다양한 지식과 경험들을 연결시키고 새로운 관점에서 바라보는 것은 창의성을 키우는 데에 중요한 요소입니다.

5. 책에 대한 자신만의 의견을 형성해보세요.

독서를 하면서 책에 대한 자신만의 의견을 형성해보세요. 책을 읽은 후에는 감상평이나 리뷰를 작성하거나, 다른 사람들과 읽은 책에 대해 토론해보세요. 자신의 의견을 분명하게 표현하고 다른 사람들과 의견을 나누면서 자신의 창의적 사고력을 발전시킬 수 있습니다.

또한, 책을 읽은 후에는 책의 주제나 이야기를 바탕으로 자신만의 생각과 해석을 도출해보세요. 독서를 통해 얻은 지식과 아이디어를 활용하여 새로운 관점에서 책을 바라볼 수 있습니다. 이렇게 자신만의 의견을 형성하고 표현하는 것은 창의성을 키우는 데에 중요한 요소입니다.

6. 자신만의 독서 습관을 만들어보세요.

자신만의 독서 습관을 만들어 일관적으로 독서를 이어나가세요. 매일 일정한 시간을 독서에 할애하거나, 특정한 장소나 분위기를 조성하여 독서에 몰입할 수 있도록 노력해보세요. 자신에게 맞는 독서 환경을 찾고, 독서를 하기 위한 목표를 설정하여 계획적으로 독서를 진행하는 것이 중요합니다.

또한, 독서 습관을 만들기 위해서는 다양한 장르와 주제의 책을 선택하여 다양한 경험을 쌓을 수 있도록 해야 합니다. 다양한 도서를 탐색하고 다양한 저자들의 작품을 읽어보면서 자신만의 독서 습관을 만들어가세요.

7. 독서를 통해 다양한 문화와 관점을 이해해보세요.

독서는 다양한 문화와 관점을 이해하는 데에 큰 도움을 줍니다. 다른 문화를 다루는 책이나 다른 사람들의 경험을 담은 책을 읽으면서 다른 사람들의 생각과 감정을 이해하고 존중하는 방법을 배워보세요. 이를 통해 자신의 창의성을 더욱 확장시킬 수 있습니다.

예를 들어, 다른 나라의 문학 작품을 읽거나, 이민자들의 이야기를 담은 책을 읽으면서 다른 문화와 관점을 경험해보세요. 이러한 독서를 통해 다양한 문화와 관점을 이해하고 자신의 세계관을 넓힐 수 있습니다.

8. 독서를 통해 사회 문제와 사회적 이슈에 대해 이해해보세요.

독서를 통해 다양한 사회 문제와 사회적 이슈에 대해 이해해보세요. 사회 문제를 다루는 책이나 사회적 이슈를 다룬 논문, 보고서 등을 읽으면서 현실의 문제에 대한 인식을 높이고 분석하는 능력을 키워보세요. 사회적 이슈를 다룬 독서를 통해 다양한 시각과 해결책을 배울 수 있습니다.

예를 들어, 사회적 불평등, 환경문제, 인권 문제 등 다양한 사회 문제를 다루는 책들을 읽어보세요. 이를 통해 사회 문제에 대한 이해를 깊게하고 창의적인 해결책을 모색할 수 있습니다.

9. 독서를 통해 역사와 인류의 이야기를 탐구해보세요.

역사와 인류의 이야기를 다루는 책을 읽으면서 과거의 사건과 인물들의 이야기를 탐구해보세요. 역사적인 사건들을 이해하고 분석하는 것은 창의성을 키우는 데에 큰 도움을 줄 수 있습니다. 역사를 통해 인류의 경험과 지식을 이해하고, 현재의 문제를 해결하는 데에도 도움이 될 수 있습니다.

예를 들어, 역사적인 인물들의 생애와 업적을 다루는 책을 읽거나 특정 시대의 역사적 사건을 다룬 책을 읽으면서 역사적인 사고력을 발전시켜보세요. 역사적인 사건들을 다양한 관점에서 바라보고 분석하는 능력을 키워보세요.

10. 자신의 독서 경험을 공유하고 확장해보세요.

자신의 독서 경험을 공유하고 다른 사람들의 독서 경험을 들어보세요. 독서 동아리에 참여하거나 온라인 독서 커뮤니티에 참여하여 다른 사람들과 독서에 대한 이야기를 나누는 것은 창의성을 키우는 데에 큰 도움이 됩니다.

또한, 다른 사람들의 독서 경험을 듣고 읽어보지 않은 책이나 다른 장르의 책을 추천받아 독서의 범위를 넓히는 것도 좋은 방법입니다. 자신의 독서 경험을 공유하고 다른 사람들과의 대화를 통해 다양한 아이디어를 얻을 수 있습니다.

이렇게 다양한 방법을 통해 독서를 활용하여 창의성을 향상시킬 수 있습니다. 독서를 즐기면서 자신의 생각을 발전시키고, 새로운 아이디어를 얻어내며 창의적인 사고력을 키워보세요.

흙의 꿈

그곳은 땅속 깊은 곳

나무와 꽃들이 숨쉬고 살아가는 아름다운 곳

지친 세상에서 살아가는 우리들에게

그곳은 언제나 편안한 안식처가 되어준단다

그곳에선 생명들이 고요하게 쉬며

새로운 에너지를 불어넣어 준단다

우리도 그곳에서 자유롭게 흙을 쇠며

자연의 풍경과 어울려 조용히 쉴 수 있겠네

그곳엔 삶이 숨쉬는 곳이며

우리가 언제나 돌아갈 수 있는 곳이 될 거야

땅 위에 살아가는 우리들이

흙의 소중함을 느끼며 살아갈 수 있길 바라

Dream of the soil

Dream of the soil, deep under the ground
A beautiful place where trees and
flowers breathe and live.

To us who live in a tired world,
It's always a comfortable haven.

There, life rests in silence.
It gives you new energy.

We can enjoy the soil freely there.
You can relax quietly in harmony with
the natural scenery.

A dream of dirt, where life breathes.
It'll be a place where we can always go back to.

We're living on the ground.
I hope you can live with the importance of soil.

독서는 우리에게 다양한 지식과 정보를 제공합니다. 책을 통해 우리는 역사, 과학, 예술, 철학, 사회과학 등 다양한 분야의 지식을 습득할 수 있습니다. 이러한 다양한 지식과 정보는 우리의 인지력을 향상시키고, 새로운 아이디어와 관점을 개발하는 데에 큰 도움이 됩니다. 이제 몇 가지 예시를 통해 독서가 주는 지식과 정보의 다양성을 자세히 살펴보겠습니다.

1. 지식의 다양성

독서를 통해 우리는 다양한 분야의 지식을 얻을 수 있습니다. 예를 들어, 역사적인 이벤트와 인물에 대한 책은 우리에게 과거의 사건과 문화를 이해하는 데에 도움을 줍니다. 과학적인 책은 우리에게 현대 과학의 원리와 발전에 대한 통찰력을 제공합니다. 예술과 문학에 대한 책은 우리에게 예술 작품과 문학적인 세계를 탐험할 수 있는 기회를 줍니다. 독서를 통해 다양한 분야의 지식을 습득함으로써 우리는 더욱 폭넓고 다양한 시각으로 세상을 바라볼 수 있습니다.

2. 인문적 지식

인문학은 인간의 사고와 문화를 탐구하는 학문 분야입니다.

인문학을 다룬 책은 우리에게 예술, 문학, 철학, 역사 등에 대한 인간의 경험과 인식을 이해하는 데에 도움을 줍니다. 예를 들어, 문학 작품을 읽으면서 우리는 작가의 시선과 인물들의 감정, 사회적인 문제에 대한 생각 등을 탐구할 수 있습니다. 철학적인 책은 우리에게 깊은 질문을 하고 논리적인 사고와 철학적인 사고를 발전시키는 데에 도움을 줍니다. 인문적인 지식은 우리의 인간성을 발전시키고 인간적 가치에 대한 이해를 넓혀줍니다.

3. 사회적 이해

독서를 통해 우리는 사회 문제에 대한 이해를 키울 수 있습니다. 사회학, 정치학, 경제학, 사회심리학 등을 다룬 책은 우리에게 사회적인 현상과 문제에 대한 통찰력을 제공합니다. 이러한 책들은 우리가 사회 구조와 시스템, 권력 관계, 사회적인 차별 등을 이해하는 데에 도움을 줍니다. 예를 들어, 사회적 불평등에 대한 책은 우리에게 다양한 집단의 경험과 공정성에 대한 문제를 이해하고 개선하는 데에 도움을 줄 수 있습니다. 사회적 이해는 우리가 보다 평등하고 공정한 사회를 구축하는 데에 기여합니다.

4. 상상력과 창의성

문학 작품이나 판타지 소설, 과학 소설 등을 통해 우리는 상상력과 창의성을 키울 수 있습니다. 이러한 작품들은 우리에게 다양한 세계와 캐릭터, 상황을 상상하고 이해하는 기회를 제공합니다. 상상력과 창의성은 문제 해결, 혁신, 예술적 표현 등에 필수적인 요소입니다. 독서는 우리의 상상력을 자극하고 새로운 아이디어를 탐색하는 데에 도움을 줍니다.

5. 문제 해결 능력

 독서는 우리의 문제 해결 능력을 향상시키는 데 도움을 줍니다. 퍼즐이나 수수께끼를 다룬 책은 우리의 논리적인 사고와 문제 해결 능력을 발전시키는 데에 도움을 줍니다. 또한, 문제 상황이나 복잡한 이야기를 다룬 소설은 우리에게 다양한 상황을 이해하고 해결하는 방법을 배우는 데에 도움을 줍니다. 독서를 통해 다양한 문제에 대한 해결 방법을 습득하고, 창의적인 해결책을 도출하는 능력을 키울 수 있습니다.

6. 감정적 인식과 공감

 문학이나 자기계발서를 통해 우리는 다양한 감정과 인간의 내면세계를 이해하는 데에 도움을 줍니다. 이러한 책들은 우리에게 캐릭터의 감정과 경험을 공감하고 이해하는 기회를 제공합니다. 감정적 인식과 공감은 우리가 다른 사람들과의 관계를 개선하고 사회적으로 성숙한 행동을 취하는 데에 도움을 줍니다. 독서를 통해 우리는 자기와 타인의 감정에 민감해지고, 공감하는 능력을 향상시킬 수 있습니다.

7. 언어적 표현과 소통

독서는 우리의 언어적 표현과 소통 능력을 향상시키는 데 도움을 줍니다. 문학 작품이나 에세이, 시 등은 예술적인 언어와 표현 방법을 보여줍니다. 이러한 작품들을 읽으면서 우리는 다양한 언어적 기술을 습득하고, 표현력을 향상시킬 수 있습니다. 또한, 독서는 우리의 어휘력과 문법적인 지식을 향상시키는 데에도 도움을 줍니다. 우리가 다양한 글쓰기 형식과 문체를 접하면서 언어적인 다양성을 이해하고, 자신의 생각과 감정을 효과적으로 전달하는 방법을 습득할 수 있습니다.

8. 인간성과 도덕성

독서를 통해 우리는 인간성과 도덕적인 가치에 대한 이해를 높일 수 있습니다. 철학, 윤리, 종교 등을 다룬 책은 우리에게 다양한 도덕적인 이론과 가치를 탐구하는 기회를 제공합니다. 이러한 책들은 우리가 생각하고 행동하는 데에 도덕적인 기준을 제시하고, 사회적으로 책임감을 가지도록 도와줍니다. 독서를 통해 우리는 자신의 가치관과 도덕적인 행동에 대한 고민을 하고, 인간성을 발전시킬 수 있습니다.

9. 자기 계발과 성장

독서는 우리의 자기 계발과 성장에 도움을 주는 데에 기여합니다. 자기 계발 서적이나 자기 계발 관련 책들은 독자에게 새로운 아이디어와 관점을 제시하고, 삶의 목표를 설정하고 이루기 위한 방법을 안내합니다. 예를 들어, '7개의 습관'과 같은 자기 계발 서적은 독자에게 효과적인 목표 설정과 시간 관리, 스트레스 관리 등에 대한 지침을 제공하여 개인적인 성장과 발전을 이끌어 냅니다.

또한, 자기 계발 서적은 독자들에게 실생활에서 적용할 수 있는 도구와 기술을 제공하여 자기 능력을 향상시키는 데에 도움을 줍니다. 독자는 자기 계발 서적을 통해 새로운 아이디어와 전문적인 지식을 습득하고, 이를 실제로 적용하여 자신의 능력과 자신감을 키울 수 있습니다. 이러한 과정을 통해 독서는 우리의 자기 계발과 성장을 촉진시키는 데에 도움을 줍니다.

10. 삶의 의미와 영감

독서는 우리에게 삶의 의미와 영감을 제공합니다. 생명의 가치, 사랑, 희망, 용기 등을 다룬 책들은 우리에게 인생의 깊은 질문을 하고, 의미 있는 삶을 살아가는 방법을 찾도록 도와줍니다. 이러한 책들은 우리에게 힘이 되어주고, 어려운 시기를 극복하는 데에 도움을 줍니다. 독서를 통해 우리는 다른 사람들의 이야기를 통해 영감을 얻고, 자신의 삶에 대한 의식을 높일 수 있습니다.

11. 인지 능력과 문제 해결

독서는 우리의 인지 능력을 향상시키고, 문제 해결 능력을 강화하는 데에 도움을 줍니다. 예를 들어, 추리 소설이나 미스터리 소설은 독자로 하여금 사건의 전개와 해결 과정을 파악하고, 여러 가지 단서를 연결시켜 문제를 해결하는 능력을 기르게 합니다. 또한, 철학적인 저작들은 우리에게 복잡한 문제에 대한 사고 방식을 제시하고, 다양한 관점에서 문제를 바라보는 법을 가르쳐줍니다.

예를 들어, 셜록 홈즈 시리즈의 소설들은 독자로 하여금 사건의 단서를 수집하고 해석하며, 범인을 찾아내는 추리력을 향상시킵니다. 독자들은 주인공과 함께 사건을 해결하기 위해 다양한 정보를 수집하고 조합하여 논리적으로 사고해야 합니다. 이러한 과정을 통해 독서는 우리의 논리적 사고와 문제 해결 능력을 향상시키는 데에 도움을 줍니다.

독서를 통해 우리는 다양한 분야의 지식을 습득하고, 문제 해결과 창의성을 키우며, 사회적 이해를 넓히고, 언어적인 표현과 소통 능력을 향상시킬 수 있습니다. 또한, 독서는 우리의 감정적인 인식과 공감, 자기계발과 성장, 그리고 삶의 의미와 영감을 제공합니다. 독서는 우리의 삶을 풍요롭게 만들어주는 소중한 활동이며, 계속해서 독서 습관을 가지며 지식과 경험을 넓혀가는 것은 우리의 성장과 발전에 큰 도움을 줄 것입니다.

 이처럼 독서는 다양한 방면에서 우리에게 지식과 정보를 제
공하며, 우리의 인지력을 향상시키고 창의적인 사고를 발전시
키는 데에 큰 도움을 줍니다. 독서를 통해 우리는 다양한 주
제와 관점을 이해하고, 세상을 더욱 다양하고 풍요로운 곳으
로 인식할 수 있습니다. 그러므로, 우리는 독서를 지속적으로
추구하고 다양한 책들을 읽어 나가는 것이 중요합니다.

카미노

길 위로 나아가는 발걸음

숲과 들과 언덕을 넘어

골짜기와 물소리 따라서

나의 발걸음은 멈출 수 없네

평화와 어울린 길 위에서

고요한 마음으로 걸어갈 때

순간순간 내 안에 새로운 울림이

나의 마음을 채우며 힘을 주네

끝도 없이 이어지는 길 위에서

모든 것을 떠나고 내 자신을 찾을 때

고통과 아픔, 그리고 감사함까지

나의 내일을 위해

한 발 더

나아갈 수 있게

길 위로 나아가는 발걸음

어디까지 가는지 몰라도

나의 꿈과 희망을 안고서

나는 계속 걸어나가리라

Camino

Step on Camino
Beyond forests, fields, and hills
along the valley and the sound of the water
I can't stop walking.

On a road that is in harmony with peace,
When I walk with a calm heart,
Every moment, a new echo in me
It fills my heart and gives me strength.

On the endless road,
When I leave everything and find myself,
Pain, pain, and gratitude.
So that I can take a step forward for my tomorrow.

Step on Camino
I don't know how far we're going.
With my dreams and hopes,
I'll keep walking.

독서는 학업과 직업 성공에 많은 기여를 할 수 있습니다. 다음은 독서가 어떻게 학업과 직업 성공에 도움을 주는지에 대한 몇 가지 예시입니다.

1. 전문 지식 습득

독서를 통해 특정 분야에 대한 전문 지식을 습득할 수 있습니다. 예를 들어, 과학 분야에 관심이 있다면 과학 관련 책을 읽으면서 자신의 전공 지식을 더욱 확장시킬 수 있습니다. 전문 지식은 학업에서 좋은 성적을 얻는 데 도움이 되며, 직업에서도 전문성을 갖추는 데에 필수적입니다.

2. 문제 해결과 창의적 사고 능력 강화

독서는 다양한 이야기와 문제 상황을 경험할 수 있는 기회를 제공합니다. 이를 통해 문제 해결과 창의적 사고 능력을 향상시킬 수 있습니다. 소설이나 수필을 읽으면서 주인공의 결정과 해결 과정을 분석하고, 다양한 시나리오를 상상해 볼 수 있습니다. 이러한 능력은 학업에서 문제 해결 능력을 갖추는 데 도움이 되며, 직업에서도 새로운 아이디어와 해결책을 도출하는 데에 도움을 줍니다.

3. 비즈니스와 경영에 대한 이해

 경제, 경영, 마케팅 등의 주제를 다룬 책을 읽으면 비즈니스와 경영에 대한 이해를 높일 수 있습니다. 이를 통해 학업에서 경영 관련 과목을 이해하고 실제 직장에서 비즈니스 동향과 전략을 파악하는 데 도움이 됩니다. 독서를 통해 얻은 지식과 통찰력은 직업에서 경쟁력을 갖추는 데 도움이 되며, 창업이나 경영자로서의 역량을 키우는 데에도 도움을 줍니다.

4. 자기 계발과 리더십 스킬 향상:

 자기 계발을 다룬 책이나 리더십에 관한 도서를 읽으면 자기 이해와 리더십 스킬을 향상시킬 수 있습니다. 이를 통해 학업에서는 자신의 강점과 약점을 파악하고 개선할 수 있으며, 직업에서는 효과적인 리더십 스타일을 개발하고 팀을 이끄는 데 도움이 됩니다. 자기 계발 도서는 직업적인 성장과 승진에도 긍정적인 영향을 미칠 수 있습니다.

5. 커뮤니케이션과 언어 능력 강화

 독서는 언어 능력과 커뮤니케이션 스킬을 향상시키는 데 도움이 됩니다. 다양한 장르의 작품을 읽으면서 문장 구조, 어휘, 표현력 등을 개선할 수 있습니다. 이는 학업에서 글쓰기와 발표 등의 과제를 수행하는 데 도움을 주며, 직업에서 효과적인 커뮤니케이션과 문서 작성 능력을 갖추는 데에도 도움이 됩니다.

6. 인간관계와 커뮤니케이션 능력 강화

소설이나 에세이와 같은 문학 작품을 읽으면 다양한 인물들의 심리와 감정을 이해하고 공감할 수 있습니다. 이를 통해 인간관계에 대한 이해와 감수성을 키울 수 있습니다. 학업에서는 동료와의 협력, 팀 프로젝트 및 대화 형식의 수업에서 유용하며, 직업에서는 고객과의 상호작용, 팀원들과의 원활한 소통, 리더십 역량 발휘에 도움이 됩니다.

7. 자기 동기 부여

독서는 자기 동기부여의 중요한 원천입니다. 자기계발서, 자기 성장에 관한 책을 읽으면 성공적인 사례나 영감을 얻을 수 있습니다. 이를 통해 목표 설정과 열정을 가질 수 있으며, 학업에서는 공부에 대한 의지력을 키우고, 직업에서는 도전적인 프로젝트에 대한 동기부여를 얻는 데 도움이 됩니다.

8. 시간 관리 및 집중력 향상

독서는 시간 관리와 집중력을 향상시키는 데에도 도움이 됩니다. 정기적인 독서 습관을 형성하면 일정한 시간을 독서에 할애할 수 있게 됩니다. 이는 학업에서 공부와 과제를 계획적으로 수행하고, 직업에서는 업무를 효율적으로 처리하는 데 도움이 됩니다. 독서를 통해 집중력도 향상되며, 학습과 작업 시간에 더욱 집중할 수 있습니다.

9. 문화적 이해와 넓은 시야

다양한 장르와 저자의 작품을 읽으면서 문화적 이해와 넓은 시야를 갖출 수 있습니다. 역사, 사회, 문화 등의 주제를 다룬 책을 통해 다른 문화와 관점에 대한 이해를 높이고, 세계를 보다 다양한 관점에서 바라볼 수 있습니다. 이는 학업에서 문화 이해와 비판적 사고를 발전시키며, 직업에서는 글로벌 시장과 다양한 고객을 다루는 데 도움이 됩니다.

10. 스트레스 해소와 휴식

독서는 스트레스 해소와 휴식을 제공하는 역할도 합니다. 일상생활에서의 스트레스를 잠시나마 잊을 수 있도록 도와주고, 마음을 편안하게 만들어줍니다. 독서를 통해 여유로운 시간을 즐기며 긴장을 푸는 것은 학업과 직업에 지침이 있는 사람들에게 매우 중요한 요소입니다.

위의 예시들을 통해 독서가 어떻게 학업과 직업 성공에 기여하는 지 자세히 설명하였습니다. 독서는 단순히 책을 읽는 것 이상으로 지식의 습득, 자기 계발, 창의적 사고, 커뮤니케이션 능력, 시간 관리 등 다양한 측면에서 도움을 주는 유용한 도구입니다.

미상불
(아닌게 아니라)

미상불, 그저 무지개

눈 높은 하늘 위 아득하게 펼쳐진

파란 듯 아닌 듯 붉은 듯 아닌 듯

미상불, 그냥 다채로운

그 속마음을 읽지 못하는 무지개

아침이슬의 춤 때린 새소리와

멍하니 바라본 실루엣 그림자

미상불, 그저 생각이 길어진

물음에 맺힌 괴로움의 꽃잎

바람부는 밤하늘에 춤추는 별빛의 무늬

눈부신 그 반짝임

미상불, 그냥 가슴속의

따스한 미소를 그리는 별이란 얘기

그대와 마주하는 순간의 빛

아름다운 빛깔 물오름 위로 흘러내리고

미상불, 그저 단편집 안에

어우러지는 나처럼 어색한 그 세계

미상불, 그저 무지개와 같은 삶을 산다

오늘을 들여다보며 내일을 꿈꾼다

미상불, 그저 사라진 곁에 남은

빛깔을 따라가는 우리의 시간은 이어진다

독서는 우리의 감정적인 지식과 자아 인식에 깊은 영향을 미칩니다. 이는 독서를 통해 우리가 다양한 감정을 체험하고 이해하며, 자아의 다양한 측면을 탐구하고 인식할 수 있기 때문입니다. 아래에서는 독서가 감정적인 지식과 자아 인식에 어떤 영향을 미치는 지에 대해 자세히 살펴보겠습니다.

1. 감정적인 지식 습득

독서를 통해 우리는 다양한 이야기와 캐릭터들의 감정을 체험하고 이해할 수 있습니다. 소설이나 문학 작품을 읽으면서 우리는 주인공의 상처, 행복, 사랑, 분노 등 다양한 감정을 공감하며 느낄 수 있습니다. 이를 통해 우리는 다른 사람들의 감정을 이해하고 공감하는 능력을 키우게 됩니다. 독서는 우리에게 감정적인 지식을 제공하고 사회적으로 더욱 민감한 존재로 성장할 수 있도록 도와줍니다.

2. 자아 인식과 공감

독서는 우리에게 자아의 다양한 측면을 탐구하고 인식할 수 있는 기회를 제공합니다. 다양한 캐릭터들의 이야기를 통해 우리는 그들의 내면세계와 갈등, 성장과 변화를 경험하며, 이를 통해 우리 자신의 내면과 감정을 조망할 수 있습니다. 소설이나 자기계발서를 통해 우리는 주인공들의 고난과 성취, 자아 발전의 과정을 따라가면서 우리 자신의 강점과 약점을 발견하고 개선할 수 있습니다. 독서는 우리에게 다양한 삶의 경험을 제공하고 우리 자신을 이해하고 받아들이는 데에 도움을 줍니다.

3. 감정적인 지식과 자아 인식의 상호작용

독서를 통해 얻은 감정적인 지식과 자아 인식은 서로 상호작용하며 영향을 미칩니다. 우리가 다양한 감정을 이해하고 경험함으로써 우리 자신의 감정을 더욱 명확하게 인식하고 표현할 수 있습니다. 독서는 우리에게 새로운 감정적인 언어와 표현 방법을 제공하여 우리 자신을 더욱 풍부하게 표현할 수 있도록 도와줍니다. 또한, 자아 인식을 통해 우리 자신의 강점과 약점을 인식하고 개선함으로써 우리의 감정적인 지식을 발전시킬 수 있습니다.

4. 공감 능력과 대인관계

독서를 통해 우리는 다른 사람들의 감정을 이해하고 공감하는 능력을 키울 수 있습니다. 이는 대인관계에서 매우 중요한 요소입니다. 독서를 통해 우리는 다양한 배경과 감정을 가진 캐릭터들을 만나게 되는데, 이를 통해 우리는 다른 사람들과의 관계에서 더욱 이해심과 공감을 표현할 수 있습니다. 독서는 우리의 대인관계에서 상대방의 감정을 이해하고 공감하는 능력을 키우며, 더 좋은 대인관계를 형성할 수 있도록 도와줍니다.

5. 독서와 감정의 공유

독서는 우리에게 감정의 공유를 가능하게 합니다. 작가는 자신의 이야기를 통해 독자들에게 감정적인 경험을 전달하고 공유할 수 있습니다. 독서를 통해 우리는 작가가 의도한 감정을 받아들이고 공감하며, 이는 우리 자신의 감정 표현과 이해력을 향상시키는 데 도움을 줍니다. 작품 속 캐릭터의 슬픔에 공감하거나 히어로의 열정에 감동하는 등 독서는 우리와 작가, 그리고 다른 독자들 사이에 감정적인 연결고리를 형성하는 역할을 합니다.

6. 자아 탐색과 동화

독서는 우리에게 자아 탐색과 동화의 기회를 제공합니다. 다양한 캐릭터들을 통해 우리는 자아의 다양한 측면을 탐구하고 이해할 수 있습니다. 어린이들이 동화책을 읽으면서 주인공과 함께 성장하고 배우는 과정을 경험하며, 자아의 발전과 자기 인식을 돕는 것처럼, 성인들도 소설이나 자기계발서를 통해 자아의 변화와 성장을 경험하며 자신을 발견하고 개선할 수 있습니다.

7. 독서와 정서 조절

독서는 우리의 정서 조절에도 도움을 줍니다. 어떤 책을 읽느냐에 따라 우리의 감정 상태를 변화시킬 수 있습니다. 긍정적인 이야기나 위로와 격려를 주는 책을 읽으면 우리는 긍정적인 감정을 느끼고 안정감을 얻을 수 있습니다. 반면에 스릴러나 슬픈 이야기를 읽으면 긴장감과 슬픔을 경험하게 됩니다. 이러한 다양한 감정을 독서를 통해 경험하면서 우리는 감정을 조절하고 조화롭게 다룰 수 있는 능력을 기를 수 있습니다.

8. 독서와 사고력 향상

독서는 우리의 사고력을 향상시키는 데 도움을 줍니다. 책을 읽으면서 우리는 다양한 사고 과정을 거치게 됩니다. 플롯의 전개나 등장인물의 행동을 추론하고 판단하는 과정에서 우리의 추리력과 비판적 사고력이 개발되며, 이는 학업과 직업에서도 큰 도움이 됩니다. 또한, 텍스트를 해석하고 이해하는 능력도 함께 향상됩니다. 이는 우리가 정보를 습득하고 새로운 아이디어를 개발하는 데 있어서 중요한 역할을 합니다.

9. 독서와 창의성

독서는 우리의 창의성을 발전시키는 데 도움을 줍니다. 다양한 이야기를 통해 우리는 새로운 아이디어와 관점을 발견하고, 상상력과 창의력을 키울 수 있습니다. 작가의 상상력과 창의력은 독자들에게 영감을 주고, 우리는 그 영감을 받아 우리 자신의 창의성을 개발하게 됩니다. 독서는 우리에게 새로운 가능성을 제시하며, 문제 해결과 혁신에 대한 능력을 향상시키는 데 도움이 됩니다.

10. 독서와 성공적인 커뮤니케이션

독서는 우리의 언어 능력을 향상시키고 성공적인 커뮤니케이션에 도움을 줍니다. 다양한 장르와 글쓰기 스타일을 접하면서 우리는 다양한 언어적 표현 방법을 습득하고, 자신의 생각을 효과적으로 전달할 수 있는 능력을 기를 수 있습니다. 또한, 독서는 우리에게 표현력을 향상시키고 다양한 주제에 대해 이야기할 수 있는 지식과 어휘력을 제공합니다. 이는 학업이나 직장에서 아이디어를 제시하거나 타인과 원활한 대화를 나눌 때 큰 도움이 됩니다.

이러한 방식으로 독서는 우리의 감정적인 지식과 자아 인식에 깊은 영향을 미칩니다. 독서를 통해 우리는 다양한 감정을 체험하고 이해하며, 자아의 다양한 측면을 탐구하고 인식할 수 있습니다. 이는 우리의 감정적인 성장과 사회적인 관계 형성에 매우 중요한 역할을 합니다. 따라서, 독서는 우리의 삶에 큰 가치를 더하며, 학업과 직업 성공을 위한 필수적인 도구로 작용할 수 있습니다.

시간이 공간이 되다

시간이 공간이 되어 떠나간 그곳

내 마음속에 간직된 그리움이 고요히 흐르네

저 멀리서 그대의 모습이 서서히 사라져 가도

내 마음은 그대와 함께한 그 시간에 갇혀 있어

지난 추억들은 나의 공간이 되어

내 삶을 따뜻하게 비추네

그 때의 나와 그대가 함께한 그 순간들은

끝없는 행복으로 남아있어

하지만 세월은 점점 흘러가고

그렇게 달콤했던 추억들도 서서히 변해가네

하지만 그 어떤 변화도 우리가 함께한

그 순간을 바꿀 수 없다는 걸 알아

시간이 공간이 되어 떠나간 그곳에서

내 마음속에 간직된 추억들은

언제나 그대와 함께한 그 순간을 기억하며

내 마음속에 끝없이 이어져 간다

자기 이해와 대인관계는 개인의 성공과 만족도에 매우 중요한 영향을 미치는 요소입니다. 독서는 이러한 자기 이해와 대인관계를 향상시키는 데에도 큰 도움을 줍니다. 독서를 통해 우리는 자아를 탐색하고 내면 세계를 이해하는 기회를 갖게 됩니다. 이를 통해 우리는 자신의 가치, 관심사, 욕구, 감정, 장점, 약점 등을 더욱 명확하게 인식하고 이해할 수 있습니다.

1. 자기 이해의 증진

독서는 우리에게 자기 이해의 깊이와 폭을 확장시키는 데 도움을 줍니다. 다양한 주제와 이야기를 통해 우리는 다른 사람들의 경험과 감정, 인생의 도전과 성공, 실패와 회복 등을 접하게 됩니다. 이러한 이야기들은 우리 자신과 공감하고 연결시킬 수 있는 요소를 제공하며, 우리의 삶과 가치관에 대한 깊은 이해를 촉진시킵니다.

2. 감정적 인식과 공감 능력

독서는 우리의 감정적인 인식과 공감 능력을 향상시키는 데에 도움을 줍니다. 소설이나 이야기를 통해 우리는 다양한 인물들의 감정과 경험을 공유하게 되며, 이를 통해 다른 사람들의 감정을 이해하고 공감할 수 있는 능력을 발전시킵니다. 이는 대인관계에서 상대방의 감정을 민감하게 인식하고 이해할 수 있는 능력을 키워줍니다.

3. 공감과 이해를 통한 대인관계의 개선

독서는 대인관계의 질을 향상시키는 데에도 큰 도움을 줍니다. 다양한 이야기를 통해 우리는 다른 사람들의 관점과 감정을 이해할 수 있으며, 이는 대화와 상호작용에서 상대방을 더 잘 이해하고 받아들일 수 있는 능력을 키워줍니다. 또한, 독서는 우리에게 다양한 사회적 상황과 문화를 경험하게 해주어 다양성에 대한 이해와 존중을 발전시킵니다. 이는 대인관계에서 서로 다른 배경과 관점을 가진 사람들과의 원활한 소통과 협력을 가능하게 합니다.

4. 대화의 확장과 지식 공유

독서를 통해 얻은 지식과 이야기는 우리의 대화를 풍부하게 만들어 줍니다. 독서를 통해 얻은 정보와 아이디어를 다른 사람들과 나누고 공유함으로써 대화의 폭과 깊이를 확장시킬 수 있습니다. 또한, 독서를 통해 우리는 다양한 주제에 대한 지식을 얻으며, 이는 대화를 통해 상대방과의 깊이 있는 토론과 지식 공유를 가능하게 합니다.

5. 대인관계에서의 이해와 용서

독서는 우리에게 다양한 인물들의 이야기를 통해 인간의 복잡성과 다양성을 이해하고 받아들이는 데에 도움을 줍니다. 이는 대인관계에서 용서와 이해의 마음을 가질 수 있는 능력을 발전시킵니다. 우리는 다른 사람들의 이야기를 통해 그들의 선택과 행동의 이유를 이해하고, 우리 자신과 다른 사람들을 편견 없이 받아들일 수 있는 관용과 이해심을 발전시킬 수 있습니다.

6. 자기 이해의 깊이와 폭의 확장

독서를 통해 우리는 다양한 주제와 이야기를 접하게 됩니다. 소설, 자기계발서, 역사 책, 철학적인 저작 등 다양한 장르의 도서를 읽으면서 우리의 지식과 인식이 확장됩니다. 예를 들어, 자기계발서를 읽으면 우리는 자아성찰과 성장에 관한 인사이트를 얻을 수 있고, 소설을 읽으면 다양한 인물들의 내면 세계와 감정을 경험하며 공감 능력을 향상시킬 수 있습니다. 이를 통해 우리는 자기 이해의 깊이와 폭을 넓히고, 새로운 관점을 수용할 수 있는 유연성을 갖출 수 있습니다.

7. 감정적인 지성의 발전

독서는 우리의 감정적인 지성을 향상시키는 데에도 도움을 줍니다. 소설이나 시 등 문학 작품은 다양한 감정을 묘사하고 인물들의 내면 세계를 풀어내는데 탁월한 수단입니다. 이를 통해 우리는 다른 사람들의 감정을 공감하고 이해하는 능력을 기를 수 있습니다. 독서를 통해 우리는 다른 인물들의 경험을 체험함으로써 공감 능력이 향상되며, 이는 대인관계에서 민감한 감정을 인식하고 적절하게 대응하는 데에 도움을 줍니다.

8. 사회적 상황과 문화에 대한 이해와 존중

독서는 다양한 이야기를 통해 우리에게 다른 사회적 상황과 문화를 경험해보는 기회를 제공합니다. 역사적인 이야기나 다른 문화를 다룬 책을 읽으면서 우리는 다양성에 대한 이해와 존중을 발전시킬 수 있습니다. 이는 대인관계에서 상대방의 배경과 문화를 이해하고 존중하는 능력을 키워줍니다. 우리는 다른 사람들과의 대화에서 더욱 개방적이고 포용적인 태도를 갖게 되며, 이는 좀 더 원활하고 상호 존중적인 대인관계를 형성하는 데에 도움이 됩니다.

9. 자기 계발과 성취에 대한 영감

독서는 우리에게 자기 계발과 성취에 대한 영감을 줍니다. 자기계발서나 성공 이야기를 다룬 책을 통해 다른 사람들의 성공 이야기와 교훈을 얻을 수 있습니다. 이를 통해 우리는 우리 자신의 가능성에 대한 자신감을 키우고, 목표 설정과 성취를 위한 동기부여를 받을 수 있습니다. 독서를 통해 우리는 자신의 꿈과 목표를 위해 노력하고 성장하는 모습을 발견할 수 있으며, 이는 학업과 직업 성공에 큰 도움이 됩니다.

10. 휴식과 안정을 찾는 공간

독서는 우리에게 휴식과 안정을 찾을 수 있는 소중한 시간과 공간을 제공합니다. 독서는 스트레스 해소와 마음의 안정을 도와주는데, 책을 통해 다른 세계로 마음을 휘말릴 수 있고, 긴장과 압박에서 벗어나 여유로움을 느낄 수 있습니다. 독서는 우리의 마음을 휴식시키며, 마음의 안정과 평온을 찾을 수 있는 소중한 자기 시간을 제공합니다.

이러한 방식으로 독서는 자기 이해와 대인관계에 긍정적인 영향을 미칩니다. 독서는 우리를 더 나은 자기 인식과 감정적인 지성을 갖춘 사람으로 성장시키며, 다른 사람들과의 관계에서 이해와 공감을 통한 상호작용을 더욱 풍부하게 만들어줍니다. 따라서, 독서는 우리가 풍요로운 내적 성장과 깊이 있는 인간관계를 구축하는 데에 있어서 중요한 역할을 담당합니다.

고독이 고단함으로

어제까지만 해도 내게 고독은 조용한 안식처였다.
하지만 오늘, 고독은 고통과 불안의 깊은 바다로 변했다.

어느 순간부터인가, 내 안의 평화는 사라져버렸고,
고독은 고통으로 변모해, 내 삶을 더 이상 숨대지 않고 있다.

나는 이 고통을 감당하기 어렵다,
너무나도 크고 무거운 것 같다.

하지만 나는 이 고통을 받아들여야만 한다.
고독과 고통, 둘 다 내게 주어진 시련이기 때문이다.

나는 이제 더 이상 도망치지 않겠다,
고독과 고통의 깊은 곳에서 나를 찾아볼 것이다.

나는 깨어있는 채로, 이 긴 밤을 지나갈 것이다.

그리고 이 고통을 이길 날을 꿈꾸며, 나아갈 것이다.

다양한 문화 이해와 공감을 주는 독서는 우리에게 넓은 시각과 열린 마음을 제공하며, 다른 문화와 사회에 대한 이해와 공감을 키워줍니다. 이에 대해 더욱 자세히 알아보도록 하겠습니다.

1. 문화 다양성과 인식

독서를 통해 다양한 문화를 다루는 책을 읽으면 우리는 다른 문화의 존재와 다양성에 대한 인식을 높일 수 있습니다. 역사적인 이야기나 다른 지역이나 국가의 문화를 다룬 책을 통해 우리는 다른 문화의 전통, 관습, 가치관, 생활양식 등을 이해하게 됩니다. 이는 우리의 시야를 확장시켜주며, 문화적인 차이에 대한 이해와 존중을 갖출 수 있게 합니다.

2. 공감과 이해를 통한 문화간 교류

독서를 통해 우리는 다른 문화와 사회의 인물들의 이야기를 경험하고 공감할 수 있습니다. 소설이나 에세이, 여행기 등을 통해 우리는 다른 사람들의 일상적인 경험, 갈등, 삶의 고난 등을 공감하며, 그들의 문화적인 배경과 관점을 이해할 수 있습니다. 이를 통해 우리는 문화 간 교류와 상호 이해를 촉진시킬 수 있습니다. 독서를 통해 다른 문화의 이야기를 접하고 이해함으로써 문화적인 공감대를 형성하고, 다양성을 존중하는 태도를 갖출 수 있습니다.

3. 인종, 성별, 종교, 성적 지향 등 다양한 아이덴티티 이해

독서를 통해 우리는 다른 문화와 사회에서 다양한 아이덴티티를 가진 사람들의 이야기를 들을 수 있습니다. 다양한 배경을 가진 인물들의 경험을 소설, 자서전, 시 등을 통해 접하면서, 우리는 인종, 성별, 종교, 성적 지향 등에 대한 이해와 공감을 키울 수 있습니다. 이를 통해 우리는 다른 아이덴티티를 가진 사람들을 평등하게 대하고 존중하는 태도를 갖출 수 있습니다.

4. 사회문제와의 인식차 해소

독서를 통해 사회문제를 다루는 책을 읽으면, 우리는 다른 사회들이 직면한 문제들과 그에 대한 이해와 인식을 얻을 수 있습니다. 예를 들어, 차별, 빈곤, 인권 침해, 사회적 불평등 등의 문제를 다룬 책을 통해 우리는 사회문제의 복잡성을 이해하고, 이를 개선하기 위한 다양한 관점과 해결책에 대해 생각할 수 있습니다. 이는 우리가 보다 현명하고 공정한 사회를 만들기 위해 노력할 수 있는 동기를 부여해줍니다.

5. 문화 교차점에서의 창조성과 협업

독서를 통해 다양한 문화를 접하고 이해함으로써, 우리는 문화 교차점에서 창조적인 아이디어와 협업 기회를 발견할 수 있습니다. 서로 다른 문화와 아이디어를 조합하고 융합함으로써 새로운 창작물이나 사회적인 이니셔티브를 발전시킬 수 있습니다. 이는 문화적인 다양성을 존중하며, 창의적인 사고와 협업 능력을 강화하는 데에 도움이 됩니다.

6. 문화적 편견과 선입견 극복

독서를 통해 다른 문화를 다루는 책을 읽으면, 우리는 문화적인 편견과 선입견을 극복할 수 있습니다. 자신의 문화와 다른 문화에 대한 편견은 종종 오해와 갈등의 원인이 될 수 있습니다. 그러나 독서를 통해 우리는 다른 문화에 대한 폐쇄적인 사고를 벗어나고, 개인적인 선입견을 극복할 수 있습니다. 책을 통해 접하는 다양한 문화적 배경을 가진 인물들의 이야기는 우리에게 새로운 관점과 인식을 제공하며, 편견을 줄이고 문화 간 이해와 공감을 강화할 수 있습니다.

7. 문화적인 창의성과 영감

다양한 문화를 다루는 책을 읽는 것은 우리의 창의성과 영감을 불어넣어줍니다. 각 문화는 독특한 예술, 음악, 문학, 철학 등을 가지고 있으며, 이러한 문화적 요소들은 우리의 창의적인 사고를 자극하고 영감을 주는 역할을 합니다. 예를 들어, 서양 문화의 클래식 음악이나 동양 문화의 예술 작품은 우리의 감성을 풍부하게 만들어주며, 창작 활동에서 새로운 아이디어를 발견하고 실현할 수 있도록 도와줍니다. 독서를 통해 다양한 문화적인 작품을 접하고 경험함으로써 우리는 창의성을 키우고 다양한 영감을 얻을 수 있습니다.

8. 문화적 융합과 협력

독서를 통해 우리는 서로 다른 문화 간의 융합과 협력을 촉진시킬 수 있습니다. 다양한 문화를 다룬 책을 읽으면, 서로 다른 문화의 가치와 특성을 이해하고, 그들과의 공통점을 찾을 수 있습니다. 이는 문화 간의 융합과 협력의 기반이 되며, 다양한 문화가 어우러진 창작물, 프로젝트, 사회적 이니셔티브 등을 발전시킬 수 있습니다. 문화적인 다양성을 존중하며, 서로 다른 문화와의 협력을 통해 우리는 새로운 아이디어와 해결책을 창출할 수 있습니다.

9. 글로벌 시민성과 문화 교류

독서를 통해 다양한 문화를 이해하고 공감함으로써 우리는 글로벌 시민성을 강화할 수 있습니다. 글로벌화가 진행되면서 우리는 다른 문화와의 교류와 대화가 점점 더 중요해지고 있습니다. 독서를 통해 다른 문화에 대한 지식과 이해를 넓힘으로써, 우리는 다른 문화와의 대화에 참여하고 글로벌 시민으로서의 역할을 수행할 수 있습니다. 이는 문화적인 이해와 공감을 바탕으로 한 문화 교류의 플랫폼을 만들어내며, 서로 다

른 문화 간의 이해와 평화로운 공존을 실현하는 데에 기여합
니다.

10. 자아 성찰과 자기 계발

다양한 문화를 다룬 독서는 우리에게 자아 성찰과 자기 계
발의 기회를 제공합니다. 다른 문화를 다룬 책을 읽으면 우리
는 자신과 다른 문화 간의 상호작용과 영향을 느낄 수 있습
니다. 이를 통해 우리는 자아의 한계와 편견을 인식하고 개선
할 수 있습니다. 또한, 다른 문화에서 나오는 가치, 인식, 생
각의 다양성을 경험하면서 우리 자신의 세계관을 넓히고 성
장할 수 있습니다. 이러한 자아 성찰과 자기 계발은 우리의
인격과 사고를 발전시키며, 문화적인 열린 마음과 포용적인
태도를 갖출 수 있도록 도와줍니다.

이와 같이 독서는 우리에게 다양한 문화 이해와 공감을 제
공합니다. 문화 다양성을 이해하고 존중하는 태도를 갖추고,
다른 문화와 사회와의 대화와 교류를 촉진시킴으로써 우리는
보다 개방적이고 포용적인 사회를 형성할 수 있습니다. 독서
는 우리에게 문화적인 열린 마음과 넓은 시각을 선물해주며,
서로 다른 사람들과의 연결과 이해를 통해 보다 풍요로운 사
회를 만들어 나갈 수 있도록 도와줍니다.

우직

어리석은 곧음, 우직한 삶의 잣대

어진 길 따라 걸으면 지혜 가득할듯

그러나 시련속에 가끔은 헤매일 때도 있겠지

그때 우리는 어떻게 행동할 것인가

바람 부는 날, 나무는 흔들리지만

뿌리는 굳건히 땅에 박혀 서 있는 법

우리도 그렇게 자신 있는 길을 가고

자신 없을 때는 뿌리 깊게 박혀 가면 되겠지

어리석은 곧음이라 불리는 우직함

그 안에 담긴 믿음,

그 힘은 언제나 우리 곁에 있을 거야

a standard of honest living

If you walk along the path,

you'll be full of wisdom

But sometimes you're confused

in your ordeal

How will we act then

On a windy day,

the trees shake

Roots stand firmly in the ground

Let's go on a path that we're confident in

When you're not confident,

you can stick to your roots

honesty called stupid straightness

The faith in it, the power,

will always be with us.

독서는 문학 작품을 통해 사회 이슈에 대한 인식과 공감을 향상시키는 효과가 있습니다. 문학 작품은 감성적이고 예술적인 표현을 통해 현실의 문제와 사회적인 이슈를 다루는데, 이를 통해 독자는 사회적인 문제에 대한 이해와 공감을 높일 수 있습니다.

1. 문학 작품은 독자들에게 새로운 시선을 제공합니다.

작가는 자신의 시대와 사회에서 벌어지는 문제들을 깊이 있게 탐구하고, 이를 작품 속에 담아냅니다. 이러한 작품들을 읽으면 독자는 일상적으로 경험하지 않는 상황이나 관점을 접할 수 있습니다. 예를 들어, 소설 속에 등장하는 주인공의 경험을 통해 인종차별이나 성별 문제 등에 대한 인식을 더욱 넓힐 수 있습니다. 독자는 다른 사람들의 이야기를 통해 사회의 다양한 이슈에 대한 이해도와 공감력이 증가하게 됩니다.

구체적인 문학 작품을 소개하자면 다음과 같습니다.
· "1984" by 조지 오웰: 이 소설은 국가의 강력한 통제와 개인의 자유를 제한하는 사회적인 구조를 다루고 있습니다. 독자들은 이 소설을 통해 권력의 남용과 독재적인 사회의 통제

에 대한 시선을 얻을 수 있습니다.

· "토지" by 박경리: 이 소설은 일제 강점기 대한민국 농촌의 현실을 그려내고 있습니다. 독자들은 이 작품을 통해 농민들의 어려움과 경험을 통해 한국의 역사와 사회적인 문제에 대한 새로운 시선을 얻을 수 있습니다.

· "동물농장" by 조지 오웰: 이 소설은 동물들이 인간과 같은 사회 구조를 형성하며 통치하게 되는 상상력을 그려냅니다. 독자들은 이 작품을 통해 권력과 부당한 통치에 대한 새로운 시선을 얻을 수 있습니다.

이러한 작품들은 독자들에게 다양한 시각과 경험을 제공하며, 평소에는 접하기 힘든 상황과 관점을 보여줍니다. 이를 통해 독자들은 자신의 시야를 넓히고, 사회적인 문제에 대한 이해와 공감을 높일 수 있습니다.

2. 문학 작품은 감정적인 공감을 유발합니다.

문학은 사람들의 내면세계와 감정을 다루기 때문에 독자들은 작품 속 주인공들의 감정과 경험에 공감하며 함께 감정을 나눌 수 있습니다. 작품이 다루는 주제와 관련된 감정적인 요소들은 독자의 감정을 자극하고, 독자는 주인공들의 상황에 대한 공감을 느끼게 됩니다. 예를 들어, 작품이 다루는 사회적인 불평등이나 정의와 부의 문제에 대한 감정적인 묘사를 통해 독자는 해당 문제에 대한 공감과 이해를 더욱 깊게 할 수 있습니다.

3. 문학 작품은 독자들에게 다양한 시점과 관점을 제공합니다.
작품은 여러 인물의 시각을 다루기도 하고, 여러 시대나 문화를 포함할 수 있습니다. 이러한 작품들을 통해 독자들은 자신과는 다른 사람들의 관점과 경험을 이해하고 받아들일 수 있습니다. 예를 들어, 다른 문화나 국가의 역사적인 사건을 다룬 소설을 읽으면 독자는 그 문화나 국가의 가치관, 역사적인 배경, 사회적인 문제들에 대한 이해를 넓힐 수 있습니다. 이는 문화 간의 이해와 공감을 높이는 데 도움을 줍니다.

또한, 문학 작품은 독자들에게 사회 변화와 개선을 위한 영감을 주는 역할을 합니다. 작품 속에 등장하는 주인공들의 투쟁과 성장은 독자들에게 용기와 희망을 심어줍니다. 문학은 사회적인 문제들을 다루기 때문에 독자들은 작품을 통해 사회의 문제를 인식하고 개선을 위한 노력을 기울일 수 있습니다. 작품이 독자들에게 사회 변화에 대한 가능성과 중요성을 상기시키는 역할을 하면서, 독자들은 자신의 행동과 선택이 사회적인 영향을 미칠 수 있다는 자각을 가지게 됩니다.

4. 독서는 독자들에게 허무주의에 대항하는 자세를 심어줍니다.

현대 사회에서는 허무주의적인 태도가 늘어나고 있습니다. 그러나 문학은 허무주의에 대항하는 의미 있는 존재입니다. 문학 작품은 깊이 있는 인간 경험을 다루고, 감정과 공감을 통해 독자들에게 희망과 의미를 전달합니다. 이를 통해 독자들은 사회적인 문제에 대한 무감각함이 아닌, 긍정적인 변화와 개선을 위한 행동을 취할 수 있는 자세를 갖게 됩니다.

총론적으로 말하면, 문학 작품은 사회 이슈에 대한 인식과 공감을 향상시키는 데 큰 역할을 합니다. 문학 작품은 독자들에게 새로운 시선과 감정적인 공감을 제공하며, 다양한 시점과 관점을 경험할 수 있는 기회를 주고, 사회 변화와 개선에 대한 영감을 주는 역할을 합니다. 이러한 독서 경험은 독자들의 사회적인 이해도를 향상시키고, 더 나아가 사회적인 변화를 이끌어내는 데 기여할 수 있습니다.

따라서, 문학을 통한 독서는 사회 이슈 인식과 공감을 높이는데 매우 중요한 도구로 작용합니다. 독서는 우리의 시선을 넓혀주고, 감정적인 연결을 형성하며, 사회적인 변화를 위한 영감을 제공합니다. 이러한 이유로 독서는 사회적인 문제에 대한 이해와 공감을 촉진시키는 힘 있는 도구입니다.

너와 함께

바다 품에 푹 빠져서
너와 함께 길을 간다

파도 소리가 우릴 안내해주고
바람이 노래하며 춤춘다

두 손을 맞잡고 헤매는 길이지만
너와 함께라면 두렵지 않아

함께 걷는 발걸음은 하나
서로의 꿈을 향해 힘을 주는 거울

햇살이 미소 짓고 꽃들이 축제를 열어
너와 함께하는 순간은 언제나 아름답다

길 위에는 미지의 세계가 펼쳐져 있지만

너와 함께라면 모든 것이 가능하다

너와 함께 길을 간다

함께 손을 잡고 멀리 떠나보자

우리의 모험은 시작되었고

언제나 함께할 우리만의

이야기가 펼쳐질 것이다

독서는 건강, 스트레스 해소, 취미와 여가 활용 등 다양한 측면에서 긍정적인 영향을 미칩니다. 아래에서는 독서의 이러한 영향을 자세히 설명하겠습니다.

1. 건강에 대한 긍정적 영향

독서는 뇌 활동을 촉진시키고 인지 능력을 향상시킵니다. 독서를 하면 새로운 정보를 습득하고, 문제 해결 능력과 분석력을 키우는 데 도움이 됩니다. 이는 노년에 인지 능력 저하를 예방하고, 아이들의 발달과 학업 성취도를 촉진시킬 수 있습니다. 게다가 독서는 뇌 건강을 지키는 데 도움이 되며, 주의력 강화와 기억력 향상에도 긍정적인 영향을 줄 수 있습니다.

2. 스트레스 해소에 대한 긍정적 영향

독서는 일상생활에서의 스트레스를 효과적으로 해소하는 데 도움을 줍니다. 책을 읽는 과정에서 마음이 집중되고 긴장이 풀리는 효과가 있습니다. 독서는 현실에서 벗어나 다른 세계에 몰입할 수 있는 휴식 공간을 제공합니다. 이러한 이유로 독서는 스트레스 감소와 긍정적인 정서 유지에 큰 도움을 주며, 우울감 완화에도 효과적입니다.

3. 취미와 여가 활용에 대한 긍정적 영향

독서는 많은 사람들에게 즐거운 취미와 여가 활동으로 여겨집니다. 자신이 흥미로운 주제나 장르의 책을 읽는 것은 즐거움을 주고, 개인적인 성장과 만족감을 도모합니다. 독서는 시간을 효과적으로 활용할 수 있는 활동이기도 합니다. 교통 이동이나 대기 시간 등 일상생활에서 여유로운 시간에 독서를 즐기면, 자기 계발과 즐거움을 동시에 얻을 수 있습니다.

4. 대화와 사회적 관계 형성에 대한 긍정적 영향

독서는 사람들 간의 대화와 소통의 주제가 될 수 있습니다. 책을 읽은 후 주변 사람들과 감상을 공유하거나 독서 동아리에 참여하면, 책을 통한 소통과 사회적 관계 형성에 큰 도움을 줍니다. 또한 독서는 독자들이 서로 다른 시각과 경험을 나눌 수 있는 기회를 제공하며, 이는 대화를 통해 이해와 공감을 촉진시키는 데 도움을 줍니다.

5. 자기 성장과 창의적 사고 발전에 대한 긍정적 영향

독서는 독자의 지식과 시각을 넓혀주고, 창의적 사고를 촉진시킵니다. 다양한 장르와 주제를 접하면서 독자는 다양한 아이디어와 관점을 얻을 수 있습니다. 이를 통해 문제 해결 능력과 창의성이 향상되며, 자기 성장과 발전에 큰 영향을 줍니다.

6. 감정적 안정과 정서 조절에 대한 긍정적 영향

독서는 감정적인 안정과 정서 조절에 도움을 줍니다. 소설이나 시를 읽으면 주인공들의 감정과 경험을 공감하고, 자신의 감정을 비교하고 이해하는 데 도움이 됩니다. 이를 통해 독자는 자기 인식과 자아 이해를 향상시키며, 감정을 조절하고 표현하는 방법을 배우게 됩니다. 또한, 독서는 여러 가치관과 신념을 만나고 고민하는 과정을 통해 독자의 가치관 형성과 정서적 성장을 도모합니다. 이는 심리적 안정과 행복감을 증진시키는 데 도움을 줄 수 있습니다.

7. 집중력과 인지 능력 향상에 대한 긍정적 영향

독서는 집중력과 인지 능력을 향상시키는 데 도움이 됩니다. 책을 읽을 때 독자는 내용에 집중하고, 이야기의 흐름을 따라가며 다양한 정보를 처리하게 됩니다. 이러한 과정은 독자의 집중력과 기억력을 강화시키고, 정보 처리 속도를 높여주는 데 도움을 줍니다. 독서는 또한 독자의 문제 해결 능력과 비판적 사고력을 키워주어 일상 생활에서 더 나은 결정을 내릴 수 있는 능력을 개발하는 데 도움을 줍니다. 독서를 통해 독자는 복잡한 텍스트를 이해하고 해석하는 능력을 키우며, 다양한 시각과 관점을 이해하는 데에도 도움이 됩니다.

8. 피로 회복과 잠재력 개발에 대한 긍정적 영향

독서는 피로 회복과 잠재력 개발에도 도움이 됩니다. 바쁜 일상 속에서 독서는 마음을 편안하게 만들어주고 스트레스를 풀어줍니다. 특히 잠들기 전에 독서를 즐기면, 마음을 진정시키고 수면의 질을 향상시킬 수 있습니다. 독서는 또한 창의적인 사고와 상상력을 자극하며, 독자의 잠재력을 개발하는 데에도 도움을 줍니다. 작가들의 창의적인 아이디어와 표현력은 독자들에게 영감을 주고, 독자들은 이를 자신의 삶과 일상에 적용하며 창의적인 해결책을 도출할 수 있습니다.

9. 문화 이해와 인간성 발전에 대한 긍정적 영향

독서는 다양한 문화와 역사를 이해하고 인간성을 발전시키는 데 기여합니다. 문학 작품은 다양한 문화와 사회적 배경을 다루고, 다른 사람들의 삶과 가치관을 이해하는 데 도움을 줍니다. 독서를 통해 독자는 여러 가지 인간적인 경험을 공유하고, 이를 통해 다른 사람들과의 연결과 이해를 깊게 할 수 있습니다. 또한, 독서는 독자의 세계관을 넓혀주고, 문화 간의 이해와 존중을 촉진시켜 인간성과 오픈 마인드를 발전시킵니다.

총론적으로 말하면, 독서는 건강, 스트레스 해소, 취미와 여가 활용 등 다양한 측면에서 긍정적인 영향을 미칩니다. 독서는 뇌 활동을 촉진시키고, 스트레스를 해소하며, 즐거운 취미와 여가 활동으로서 자기 성장과 사회적 관계 형성에 도움을 주며, 창의적 사고를 촉진시킵니다. 이러한 이유로 독서는 많은 사람들에게 꾸준한 습관으로서의 가치를 가지고 있으며, 긍정적인 영향을 끊임없이 제공하는 활동입니다.

사랑의 얼굴을 한 사랑

사랑의 얼굴을 한 사랑아,
너와의 인연은 운명의 기적.

무한한 별들 중 찾은 존재,
마음에 피어나는 그대 향기.

사랑의 얼굴을 한 사랑아,
네 미소에 숨어있는 속삭임.

이어질 두 손의 예감에 얽힌
마음들의 소리와 함께.

사랑의 얼굴을 한 사랑아,
너와 꿈꾸는 감미로운 밤.

별이 깜박이는 하늘 아래,
영원한 약속의 노래를 부르리.

사람의 얼굴을 한 사랑아,
너와 함께 쓰는 아름다운 완곡.
선율은 매혹적인 순간을 되새기며,
내 마음 가득 새겨진다.

'사람의 얼굴을 한 사랑' 이라
지금 이 곳에 서 있어,
순간의 행복과 기쁨을 나누어,
영원토록 피어날 사랑을 심자.

　자기 계발과 자기 이해를 위한 독서는 독자들에게 지식과 정보를 제공하고, 목표 달성과 성공에 도움을 주며, 자아 이해와 심리적 성장을 촉진합니다. 또한, 자기 탐구와 자기 실현을 위한 공간을 제공하고, 독서 커뮤니티와의 협력을 통해 사회적인 연결을 형성합니다. 이러한 이유로 독서는 많은 사람들에게 자기 계발과 자아 실현의 길을 열어주는 소중한 활동으로 여겨지고 있습니다. 아래에서는 독서가 자기 계발과 자기 이해를 위한 역할에 대해 자세히 설명하겠습니다.

1. 지식과 정보 습득

　독서는 지식과 정보를 습득하는 가장 효과적인 방법 중 하나입니다. 책은 다양한 주제에 대한 깊은 내용과 전문적인 지식을 담고 있으며, 독자는 이를 통해 새로운 지식을 습득할 수 있습니다. 비즈니스, 역사, 과학, 철학, 자기계발 등 다양한 분야의 책을 읽으면 독자는 전문적인 지식을 확장하고 자기 계발에 도움이 되는 내용을 얻을 수 있습니다. 지식과 정보의 습득은 자기 이해와 성장을 위한 필수적인 과정입니다.

2. 자기 계발과 목표 달성

독서는 자기 계발을 위한 중요한 도구입니다. 독서를 통해 독자는 성공적인 사람들의 경험과 전문가들의 조언을 배울 수 있습니다. 자기계발서나 성공 스토리를 읽으면 독자는 성공의 비결, 목표 설정, 시간 관리, 습관 형성 등에 대한 인사이트를 얻을 수 있습니다. 독서는 독자의 자기 발전을 돕고, 새로운 아이디어와 관점을 제공하여 목표를 달성하는데 도움을 줍니다. 독서를 통해 독자는 자기 계발에 필요한 도구와 자원을 습득하며, 개인적인 성장과 발전을 이룰 수 있습니다.

3. 자아 이해와 심리적 성장:

독서는 자아 이해와 심리적인 성장을 위한 유용한 수단입니다. 소설이나 시를 읽으면 주인공들의 감정과 경험에 공감하고, 자신의 감정을 비교하고 이해하는 과정을 거칠 수 있습니다. 이를 통해 독자는 자기 인식과 자아 이해를 향상시키며, 자기 신념과 가치관을 탐색하고 개발할 수 있습니다. 또한, 독서는 독자의 정서적인 성장과 감정적인 안정에 도움을 줍니다. 문학 작품은 다양한 인간적인 경험을 다루며, 독자는 이를 통해 자기와 타인의 감정을 이해하고 공감할 수 있습니다. 독서는 독자의 감정적인 지성과 인간성을 발전시키는데 기여합니다.

4. 자기 탐구와 타인과의 연결

독서는 자기 탐구와 자아실현을 위한 공간을 제공합니다. 자기 탐구란 자기에 대한 호기심과 깊이 있는 탐구로, 독서를 통해 독자는 자신의 관심사와 열정을 발견하고 자신과 깊이 연결할 수 있습니다. 자기 탐구를 통해 독자는 자아실현에 필요한 방향성과 의미를 찾을 수 있으며, 자기 탐구의 결과를 타인과 공유함으로써 타인과의 연결을 형성할 수 있습니다. 독서는 독자의 사고력을 확장시키고, 창의성을 향상시켜 자기 탐구를 지원하는 역할을 합니다.

5. 독서 커뮤니티와 협력

독서는 독자들 사이에 커뮤니티와 협력을 형성하는 데 중요한 역할을 합니다. 독서는 공통의 관심사와 주제를 가진 사람들을 모아 독서 그룹이나 독서 클럽을 형성할 수 있도록 도와줍니다. 독서 커뮤니티에서 독자들은 서로의 경험을 공유하고 토론하며, 책을 통해 사회적인 문제를 이해하고 해결하기 위해 협력할 수 있습니다. 독서 커뮤니티는 독자들의 사회적 연결과 협업을 촉진시키며, 독서를 통한 자기 계발과 자아 이해의 과정을 보다 풍부하고 의미 있는 경험으로 만들어줍니다.

6. 자기 인식과 성장

독서는 자기 인식과 성장을 위한 유용한 도구입니다. 책을 통해 독자는 다양한 인물의 이야기를 접하고 그들의 성장과 변화를 관찰할 수 있습니다. 소설이나 자서전과 같은 독서 소재는 주인공들의 내면세계와 갈등, 성장 과정을 다루며, 독자는 이를 통해 자신의 감정과 경험을 비교하고 이해할 수 있습니다. 독서를 통해 독자는 자신의 강점과 약점을 파악하고, 성장과 개선을 위한 방향을 설정할 수 있습니다. 또한, 자기인식을 넓히고 자아의식을 갖추는 과정을 통해 독자는 더 나은 자기를 찾아 나갈 수 있습니다.

7. 문제 해결과 창의적 사고

독서는 문제 해결과 창의적 사고를 향상시키는 데 도움을 줍니다. 책을 읽는 동안 독자는 다양한 상황과 도전에 직면하는 주인공들과 함께 고민하고 해결책을 모색하게 됩니다. 이를 통해 독자는 문제 해결과 의사결정 능력을 향상시키고, 새로운 관점과 창의적인 아이디어를 발전시킬 수 있습니다. 독서는 다양한 이야기와 시나리오를 통해 독자의 상상력과 창의력을 자극하며, 새로운 아이디어를 탐색하고 발전시키는 데 도움을 줍니다.

8. 감정적인 지성과 공감

독서는 감정적인 지성과 공감을 향상시키는 데 도움을 줍니다. 문학 작품은 주인공들의 내면세계와 감정을 다루며, 독자는 이를 통해 다양한 감정을 체험하고 공감할 수 있습니다. 독서는 독자의 감정 지능을 향상시키고, 타인과의 관계에서 이해와 공감을 높일 수 있는 기회를 제공합니다. 독자는 작품 속의 인물들과 공감하고 그들의 감정을 이해하는 과정을 통해 자신과 타인의 감정을 더욱 깊게 이해할 수 있습니다. 이는 독자의 대인관계와 커뮤니케이션 능력을 향상시키는 데 도움을 줍니다.

9. 자기 효능감과 동기부여

독서는 자기 효능감과 동기부여를 촉진시킵니다. 독자는 성공적인 주인공들의 이야기를 통해 자신에 대한 자신감과 자기 효능감을 높일 수 있습니다. 성공과 실패, 도전과 어려움을 겪는 주인공들의 이야기는 독자에게 도전과 성취를 위한 동기와 역량을 부여합니다. 독서를 통해 독자는 자신의 잠재력을 발견하고, 성취를 위한 목표를 설정하며, 끈기와 헌신을 통해 목표를 달성하는 자신을 발견할 수 있습니다.

자기 계발과 자기 이해를 위한 독서는 독자들에게 자기 인식과 성장, 문제 해결과 창의적 사고, 감정적인 지성과 공감, 자기 효능감과 동기부여를 제공합니다. 독자들은 독서를 통해 자신의 내면을 탐구하고, 성장과 개선을 위한 방향을 찾을 수 있으며, 문제 해결과 창의적 사고를 향상시킬 수 있습니다. 또한, 독서를 통해 독자들은 감정적인 지성과 공감을 키우고, 자기 효능감과 동기부여를 얻을 수 있습니다. 이러한 이유로 독서는 많은 사람들에게 자기 계발과 자아실현의 경로를 제공하는 소중한 활동으로 여겨지고 있습니다.

사랑의 얼굴을 한 사람

사랑의 얼굴을 한 사람아,
너와 만남은 인생의 명작.

찬란한 희망에 빠져들어,
서로를 깊이 이해해가.

사랑의 얼굴을 한 사람아,
네 미소가 내 삶의 햇빛.

어둠 속에서 잃어버린 길,
너는 다시 찾아주는 지름길.

사랑의 얼굴을 한 사람아,
너와 함께 걷는 거리에.

가슴 설레는 꽃이 피어나,
사랑스러운 선율이 퍼져가.

사랑의 얼굴을 한 사람아,
너를 닮아가는 내 모습에.

영원한 사랑의 불꽃이 타오르고,
함께 우리 꿈을 이루어 가리다.

청소년들에게 필요한 독서 습관을 형성하기 위해 몇 가지 실질적인 조언을 살펴보겠습니다.

1. 관심사에 맞는 도서 선택하기

청소년들에게 독서 습관을 형성하기 위해서는 자신의 관심사와 취향에 맞는 도서를 선택할 수 있도록 도와주는 것이 중요합니다. 청소년들은 다양한 장르의 책을 접하면서 자신에게 흥미로운 주제나 스토리를 가진 책을 찾아야 합니다. 어떤 취향에 맞는 책을 선택할지 도와주기 위해서는 청소년들과 대화하고 관심사를 파악하는 것이 필요합니다. 그들이 흥미를 갖는 분야에 대한 책을 추천하거나, 도서 추천 웹사이트나 도서관에서 함께 찾아보는 것도 좋은 방법입니다. 관심사에 맞는 도서를 선택하게 되면 독서에 대한 흥미와 즐거움이 크게 증가할 것입니다.

2. 독서 시간 일정화하기

독서 습관을 형성하기 위해서는 일정한 독서 시간을 정해두는 것이 중요합니다. 청소년들과 함께 매일 일정한 시간을 독서 시간으로 할당해주어야 합니다. 이를 통해 독서를 일상의 일부로 만들어주고 꾸준한 독서 습관을 형성할 수 있습니다. 어떤 시간대가 청소년들에게 가장 적합한지 고민해보고, 학업이나 다른 스케줄과 충돌하지 않는 시간을 선택하는 것이 좋습니다. 일정한 독서 시간을 정해두면 청소년들은 그 시간에 독서에 집중할 수 있게 됩니다.

3. 가독성이 높은 책 선택하기

청소년들은 가독성이 높은 책을 선택하도록 유도해야 합니다. 특히 독서 습관을 형성하는 초기 단계에서는 글이 간결하고 이해하기 쉬운 책을 선택하는 것이 좋습니다. 이는 청소년들이 책을 읽는 과정에서 어려움을 느끼지 않고 자연스럽게 이해할 수 있도록 도와줍니다. 따라서 어린이 문학이나 청소년 문학 등의 가독성이 높은 책을 추천하거나 도서관이나 서점의 가독성 지표를 활용하여 선택하는 것이 좋습니다.

4. 독서 환경 조성하기

독서 습관을 형성하기 위해서는 쾌적하고 편안한 독서 환경을 조성해야 합니다. 청소년들이 독서를 하기 위해 편안하고 조용한 장소를 마련해주세요. 독서를 위한 개인 공간이나 독서 코너를 만들어 주는 것도 좋은 방법입니다. 또한, 독서를 할 때는 주변에 책이나 독서 관련 아이템을 배치하여 독서에 대한 동기부여를 높일 수 있습니다. 독서 환경을 조성함으로써 청소년들은 독서에 몰입할 수 있는 기회를 얻을 수 있습니다.

5. 동기 부여와 함께 가족 간의 소통 촉진하기

청소년들에게 독서 습관을 형성하는 데 동기를 부여하고 가족 간의 소통을 촉진시키는 것이 중요합니다. 독서에 대한 동기 부여는 다양한 방법으로 이뤄질 수 있습니다. 가족들과 함께 책을 읽고 그 내용에 대해 이야기를 나누는 시간을 가지는 것은 좋은 방법입니다. 독서에 대한 관심과 흥미를 공유하고 서로의 생각을 나누는 과정에서 가족 간의 소통이 활발해질 것입니다.

6. 독서 목표 설정하기

청소년들과 함께 독서 목표를 설정해주세요. 매달 몇 권의 책을 읽기, 특정 장르의 도서를 읽기, 어떤 작가의 작품을 읽기 등의 목표를 세울 수 있습니다. 목표를 설정하고 달성하는 과정에서 성취감을 느끼게 되어 독서에 대한 흥미와 동기부여를 높일 수 있습니다. 독서 목표를 세우고 그것을 달성해나가는 경험은 청소년들에게 독서의 가치를 깨닫게 해줄 것입니다.

7. 독서 동아리나 독서 그룹 참여하기

독서 동아리나 독서 그룹에 참여하도록 청소년들을 유도해주세요. 함께 책을 읽고 이야기를 나누는 공간에서 독서에 대한 흥미와 동기부여를 높일 수 있습니다. 독서 동아리나 독서 그룹은 청소년들이 다양한 책을 접하고 다른 사람들과의 소통과 공유를 통해 독서 경험을 넓힐 수 있는 좋은 기회가 될 것입니다.

8. 독서에 대한 긍정적인 분위기 조성하기

독서에 대한 긍정적인 분위기를 조성해주세요. 가족이나 교사, 동료들이 독서에 대한 긍정적인 태도를 보이고 독서를 즐기는 모습을 보여주는 것이 중요합니다. 독서는 즐거움과 성장을 가져다주는 활동이라는 인식을 청소년들에게 심어줌으로써 독서에 대한 관심과 열정을 키울 수 있습니다. 긍정적인 독서 분위기를 조성하면 청소년들은 독서를 일상의 일부로 받아들이게 되고 꾸준한 독서 습관을 형성할 수 있습니다.

이러한 실질적인 조언을 통해 청소년들은 독서 습관을 형성하고 독서를 통해 자기 계발과 성장을 이룰 수 있을 것입니다.

이번엔 다른 관점으로 다시 살펴보겠습니다.

1. 독서의 중요성과 이점

독서는 청소년들에게 많은 이점을 제공합니다. 독서는 지식과 정보를 습득하는 것뿐만 아니라 창의력, 상상력, 문제 해결 능력, 비판적 사고 등의 인지적 능력을 향상시키는 역할을 합니다. 또한, 독서는 언어 실력을 향상시키고 자기 표현력을 발달시키는 데 도움을 줍니다. 더불어 독서는 문화적인 경험을 확장시키고 세계를 넓히는 창구가 되어줍니다. 따라서, 독서는 청소년들의 성장과 발전에 매우 중요한 역할을 합니다.

2. 독서 습관 형성의 중요성

독서 습관을 형성하는 것은 청소년들에게 긍정적인 영향을 미칩니다. 독서 습관은 지속적인 독서를 가능하게 하며, 독서의 즐거움과 장기적인 이익을 경험할 수 있게 합니다. 또한, 독서 습관은 청소년들의 학업 성취도와 학습 태도에도 긍정적인 영향을 미칩니다. 독서 습관을 형성하는 것은 생활 일정 속에서 독서 시간을 확보하고 지속적인 독서 활동을 추구하는 것을 의미합니다.

3. 독서 습관 형성을 위한 실질적인 방법

(1) 일정한 독서 시간 확보하기: 청소년들에게 매일 일정한 독서 시간을 확보하도록 도와주세요. 학교 시간, 저녁 시간, 주말 등 독서에 집중할 수 있는 시간을 정하여 일관된 독서 습관을 형성할 수 있도록 합니다.

(2) 책의 다양한 장르와 주제 접하기: 다양한 장르와 주제의

책을 제공하고 청소년들이 관심을 가지는 분야의 책을 선택할 수 있도록 돕습니다. 소설, 시, 과학, 역사, 철학 등 다양한 분야의 책을 읽으면서 다양한 지식과 경험을 쌓을 수 있습니다.

 (3) 독서 관련 활동에 참여하기: 독서 관련 토론, 독서 동아리, 독서 대회 등의 활동에 청소년들을 참여시킵니다. 이러한 활동을 통해 독서에 대한 흥미와 자부심을 느끼며 독서 습관을 더욱 강화할 수 있습니다.

 (4) 가족과의 독서 시간 활용하기: 가족 구성원들끼리 독서 시간을 가지고 책을 함께 읽는 것은 독서 습관 형성에 도움을 줍니다. 가족들과 독서 관련 이야기를 나누고 책 추천을 나누는 등 독서를 가족과 함께 즐기는 분위기를 조성합니다.

 (5) 독서 목표 설정하기: 청소년들에게 독서 목표를 설정하도록 도와줍니다. 예를 들어, 매달 몇 권의 책을 읽을 것인지, 특정 장르의 책을 읽어보기, 작가별로 다양한 작품을 읽어보기 등 목표를 설정하여 독서에 대한 동기와 목적을 부여합니다.

4. 독서 습관 형성의 장기적인 이익
 독서 습관을 형성하면 청소년들은 다양한 이익을 누릴 수 있습니다. 첫째, 독서는 학업적인 성취에 긍정적인 영향을 미칩니다. 독서를 통해 지식과 언어 실력을 향상시키고, 문제 해결과 비판적 사고력을 키워주어 학습에 도움을 줍니다. 둘째, 독서는 창의력과 상상력을 발달시킵니다. 다양한 이야기와 아이디어를 접하면서 청소년들은 창의적인 사고를 발휘하고 상상력을 키울 수 있습니다. 셋째, 독서는 자기 이해와 성장에 도움을 줍니다. 독서를 통해 다양한 캐릭터의 경험을 공유하고 공감하며, 자아를 발견하고 성장할 수 있습니다. 넷째, 독서는 문화적인 경험을 확장시키고 세계를 넓혀줍니다. 다양한 작가들의 작품을 통해 다른 문화와 사회의 가치관과 경험을 이해하고 수용할 수 있습니다.

 이러한 조언들을 통해 청소년들은 독서 습관을 형성하고 독서를 즐길 수 있게 됩니다. 이는 청소년들의 지적, 인지적, 사회적 발달에 많은 도움을 주며, 평생 독서를 지속할 수 있는 토대를 마련해 줄 것입니다.

오사바사
(마음이 부드럽고 사근사근함)

오사바사한 마음 담긴 그대여

부드럽게 다가오는 사람들 속

사근사근한 이야기를 나누네

함께 걷는 길에 미소 짓는

그대와 나의 오사바사한 순간

인생의 진한 색깔이 돋보이네

오사바사한 마음을 담아 그리운 그대에게 보내네 사근사근한 감정이 방울져 내 맘이 남아 있는 잔디 위에 부드러운 바람이 스치며 그대와 나의 추억을 걸어갈 때 오사바사한 마음으로 서로의 손을 꼭 잡아주기를 마주 보며 웃음이 피어나 오사바사한 노래로 밤하늘 별이 수놓아진다 그대와 나의 마음의 우주를 만들며 우리는 오사바사한 여정을 가른다 사랑하는 그대와 손에 손을 잡고 그 어떤 시련도 두렵지 않게 오사바사한 마음으로 사랑을 전하리

청소년 시절은 무궁무진한 가능성과 꿈이 가득한 소중한 시기입니다. 이 때 청소년들이 어떤 경험과 활동을 통해 자아를 발견하고 꿈을 펼칠 수 있는지 생각해보면, 책과 독서가 큰 역할을 한다는 사실을 알 수 있습니다. 책은 창의력을 자극하고 상상력을 발달시키며, 인간의 내면세계를 탐구하고 새로운 지식을 습득할 수 있는 보물 같은 존재입니다. 이 글에서는 청소년들에게 책과 독서를 통해 꿈을 펼치는 방법과 그로부터 얻을 수 있는 무한한 장점들을 소개하고자 합니다.

1. 책이 선사하는 꿈의 세계

청소년들이 책을 읽는 것은 마치 다른 세계로 여행하는 것과 같습니다. 책 속의 이야기와 캐릭터들은 우리 현실과는 달리 환상적인 세계와 모험을 제시합니다. 이들은 히어로가 되어 모험을 떠나거나, 타임머신을 타고 과거나 미래로 여행하며 판타지와 현실이 교차하는 경험을 제공합니다. 청소년들은 이러한 이야기들을 통해 자신의 상상력과 창의력을 자유롭게 발휘할 수 있으며, 꿈의 세계에서 자신의 역할을 찾아나갈 수 있습니다.

2. 독서로 인한 자기 탐색과 성장

 청소년 시기는 자기 탐색과 아이덴티티 형성의 중요한 시기입니다. 책을 통해 다양한 이야기와 캐릭터들을 만나면서 청소년들은 자신과 공감하고 이해하는 경험을 할 수 있습니다. 이러한 경험은 자기 인식과 자아 발견에 큰 도움을 줍니다. 책은 다양한 가치관과 인간관계, 도전과 성장을 다루는데, 이를 통해 청소년들은 자신의 가치관을 탐색하고 성장해 나갈 수 있습니다. 또한, 독서를 통해 청소년들은 다른 사람의 이야기를 경험하고 다양성을 이해할 수 있으며, 넓은 시각과 폭넓은 인간 관계를 형성하는 데에도 도움을 줍니다.

3. 독서를 통한 지식 습득과 학업 성취

 책은 지식의 보고이며, 독서는 청소년들에게 폭넓은 지식과 정보를 제공합니다. 독서를 통해 다양한 주제와 분야에 대한 지식을 습득하고 깊이 있는 이해를 할 수 있습니다. 이는 학업 성취에 큰 도움이 됩니다. 책은 과학, 역사, 문학, 예술 등 다양한 분야를 다루며, 청소년들은 이를 통해 자신의 흥미와 잠재력을 발견하고 더 나아가 진로 선택에도 도움을 받을 수 있습니다. 독서는 지식의 기반을 다지고 청소년들의 학습 능력과 정보 처리 능력을 향상시키는 데에도 도움을 줍니다.

4. 독서 습관의 형성과 긍정적 영향

 독서는 습관의 형성을 통해 더 큰 가치를 발휘합니다. 청소년들이 독서 습관을 형성하면, 지속적으로 지식을 습득하고 성장할 수 있습니다. 일상적인 독서는 즐거움과 흥미를 주는 동시에 자기 계발과 자아 실현에도 큰 역할을 합니다. 독서 습관을 통해 청소년들은 정서적 안정감과 스트레스 해소의 수단을 얻을 수 있으며, 자기 자신과 대화하며 내면의 평화를 찾을 수 있습니다. 또한, 독서 습관은 인지 능력, 문제 해결 능력, 창의력 등 다양한 능력을 향상시키는 데에도 기여합니다.

5. 독서와 꿈의 실현

독서는 청소년들에게 꿈을 실현하는 데에 큰 도움을 줍니다. 책을 통해 다양한 이야기와 인생의 가치를 접하면서, 청소년들은 자신의 꿈과 목표를 발견하고 향해 나아갈 수 있습니다. 독서는 청소년들에게 열정과 도전의 의지를 심어주고, 성취감과 자신감을 키워줍니다. 또한, 책을 통해 성공과 실패, 어려움과 극복을 다루는 이야기를 접하면서, 청소년들은 자신의 꿈을 향해 노력하고 장애물을 극복하는 방법을 배우게 됩니다.

청소년 시기는 꿈을 펼칠 수 있는 소중한 시기입니다. 이때 청소년들에게 독서의 중요성을 알리고 독서 습관을 형성시키는 것은 그들의 미래에 큰 영향을 미칩니다. 책은 꿈을 키우고 가능성을 넓혀주며, 독서는 자아 발견과 자기실현을 도와줍니다. 청소년이여, 책과 함께 꿈을 펼쳐보세요. 그리고 그 꿈을 실현하기 위해 지금 독서 습관을 형성해 나가세요. 그리고 그들의 미래는 밝고 무궁무진한 세계로 펼쳐질 것입니다.

버드나무

봄이면 푸른 언덕이 펼쳐진다
하늘을 향해 무언가 떠오르는 순간
작은 꽃들이 색을 피우며 춤추고
작은 날개가 자유를 느끼며 날아간다

나는 그 순간에 머물러
그 아름다움을 사유하며
숨 쉬는 시간을 가져간다

나의 마음도 자유롭고 채워진다
새로운 세계에 발을 디딘다는 생각에
자연의 속삭임이 나를 감싸고
나에게 열쇠를 건네준다

아름다운 자연의 미스터리를 탐험하며

내 안에서 새로운 시작이 피어난다

부록

 다음은 챗GPT를 활용하여 여러 가지 형식으로 표현한 글입니다. 여러분 마음에 드는 글을 골라 아이디어를 창의적으로 무한 확장시켜 보세요. 예를 들면, 아래와 같습니다.

· 글로 된 신문 기사: 여러분이 선택한 글로 된 신문 기사를 읽어보세요. 그 안에는 여러 이야기와 정보가 숨겨져 있어요. 이 글을 기반으로 더욱 흥미로운 내용을 떠올려보고, 이야기의 전개나 등장인물을 추가해 보세요. 여러분의 창의력으로 신문 기사를 더욱 흥미로운 이야기로 발전시킬 수 있어요.

· 동화 속 이야기: 동화 속 이야기를 읽어보면 독특한 세계와 매력적인 캐릭터가 있는데, 그 이야기를 확장시켜 보세요. 추가적인 장면이나 캐릭터, 문제 해결을 위한 여정을 상상해 보세요. 동화 속 이야기를 넘어서 여러분만의 독특한 동화를 만들어보는 건 어떨까요?

· 시로 된 구절: 아름다운 시의 한 구절을 선택해보세요. 그 구절에 담긴 느낌과 이미지를 더욱 확장시켜 보세요. 그림, 음악, 다른 시의 구절 등을 활용하여 자신만의 시를 작성해보세요. 여러분의 감성과 창의력으로 시의 세계를 더욱 풍부하

게 만들어보세요.

· 대화의 일부분: 흥미로운 대화의 일부분을 선택해보세요. 그 대화에서 나온 주제나 상황을 더욱 확장시켜보고, 다른 캐릭터들이 대화에 참여하거나 새로운 흐름을 만들어보세요. 대화의 주제를 넘어서 여러분의 상상력을 발휘하여 더욱 흥미로운 이야기로 만들어보세요.

여러분들은 이런 식으로 선택한 글을 기반으로 자유롭게 아이디어를 더해 나갈 수 있어요. 챗GPT는 여러분의 창의력을 지원하고 새로운 아이디어를 발굴하는 데 도움이 될 거예요. 여러분의 무한한 상상력을 펼쳐보세요. 챗GPT가 개인 비서가 되어 여러분을 거인의 어깨에 올라타도록 안내해줄 것입니다. 여러분들의 건투를 빕니다. 굿럭!

<연설문>

제목: 청소년이여, 책과 함께 꿈을 펼쳐라!

독서의 중요성과 이점

독서는 우리에게 많은 이점을 제공합니다. 특히 청소년 시기에 독서 습관을 형성하는 것은 그들의 성장과 발전에 매우 중요한 역할을 합니다. 독서는 지식과 정보를 습득하는 동시에, 인지적, 정서적, 사회적인 영역에서 발전할 수 있는 폭넓은 기회를 제공합니다. 책은 다양한 이야기와 경험을 담고 있으며, 독서를 통해 우리는 새로운 세계와 사고의 폭을 넓힐 수 있습니다.

독서와 창의성 계발

독서는 창의성을 키우는 데에 큰 도움을 줍니다. 책의 이야기와 상상력을 함께하면서 청소년들은 자신만의 창작력을 발휘할 수 있습니다. 소설이나 시를 읽으면서 청소년들은 문학적인 표현과 다양한 아이디어를 접하게 됩니다. 이를 통해 자신만의 이야기를 창조하고 표현하는 능력을 향상시킬 수 있습니다. 독서는 또한 문제 해결과 창의적 사고를 촉진하며, 청소년들이 독립적으로 생각하고 자신의 생각을 표현할 수 있는 능력을 길러줍니다.

독서와 자기 이해

독서는 청소년들의 자기 이해를 돕는 데에도 큰 역할을 합니다. 책의 이야기와 주인공들의 성장 과정을 통해 청소년들은 자아를 탐색하고 이해할 수 있습니다. 소설이나 자기계발서를 읽으면서 청소년들은 다양한 감정과 경험을 공감하며, 자신의 감정을 인지하고 처리하는 방법을 습득합니다. 독서는 자기 인식과 자기 수용을 촉진하고, 자신을 받아들이는 데에 도움을 줍니다. 또한, 독서를 통해 다양한 인물의 이야기를 접하면서, 청소년들은 사회적 관계와 상호작용을 이해하고 개인적인 성장을 이룰 수 있습니다.

독서와 문제 해결 능력

독서는 청소년들의 문제 해결 능력을 강화하는 데에도 큰 도움을 줍니다. 소설이나 자기계발서에서 등장하는 주인공들의 어려움과 극복 과정을 통해, 청소년들은 문제에 대한 다양한 시각과 해결 방법을 배울 수 있습니다. 독서는 문제 상황에 대한 인식과 분석 능력을 키우며, 문제 해결을 위한 창의적인 아이디어를 발전시킵니다. 또한, 독서는 어려운 상황에서 긍정적인 마인드를 유지하고 도전하는 자세를 길러줍니다.

독서 습관 형성을 위한 조언

청소년들에게 독서 습관을 형성시키기 위해서는 몇 가지 조언이 필요합니다. 첫째로, 흥미로운 주제와 장르의 책을 선택하고, 개인의 취향과 관심사에 맞는 책을 찾아 읽는 것이 중요합니다. 둘째로, 독서 시간을 일정하게 정해두고 일관되게 읽는 것이 독서 습관을 형성하는 데에 도움이 됩니다. 셋째로, 독서 환경을 조성하여 편안하고 집중할 수 있는 공간을 마련하는 것이 중요합니다. 넷째로, 독서를 즐기고 나눌 수 있는 독서 모임이나 독서 클럽에 참여하는 것도 독서 습관을 형성하는 데에 도움이 됩니다. 마지막으로, 다양한 도서관이나 도서관련 이벤트를 활용하여 책을 더욱 쉽게 접할 수 있는 환경을 만들어주는 것이 좋습니다.

맺음말

청소년 시기는 꿈을 펼칠 수 있는 소중한 시기입니다. 독서는 청소년들에게 꿈을 이루고 미래를 열어가는 데에 큰 도움을 줄 수 있습니다. 독서는 창의성과 자기 이해, 문제 해결 능력을 향상시키는 동시에, 새로운 세계를 만들어가는 열쇠를 제공합니다. 청소년이여, 책과 함께 꿈을 펼쳐보세요. 그리고 그 꿈을 실현하기 위해 지금 독서 습관을 형성해 나가세요. 독서는 여러분의 미래를 밝고 풍요롭게 만들어줄 것입니다.

<영화 시나리오>

INT. 공원 - 낮

햇살이 화사하게 비추는 공원. 새들의 지저귐과 청소년들의 웃음소리가 울려퍼진다. 한 소년, 준호(16세), 책 한 권을 꼭 안고 조용히 나무 그늘에 앉아 있다. 그의 눈은 꿈을 향한 빛으로 가득 차 있으며, 마음은 흥분과 기대로 가득하다.

준호
(속으로)
청소년이여, 책과 함께 꿈을 펼쳐라. 이 말은 정말 멋진 의미를 담고 있는 것 같아.

준호의 머릿속으로 과거의 장면이 번쩍이며 지나간다.

INT. 준호의 방 - 밤

준호가 침대에 앉아 책을 읽는 모습. 그의 얼굴은 책에 몰두한 흥미로움으로 빛나고 있다. 이야기가 펼쳐지면 그의 상상력은 한 폭의 그림처럼 펼쳐진다. 독자와 주인공이 함께하는 특별한 여정이 시작된다.

한 장면이 다른 장면으로 옮겨간다.

EXT. 학교 교실 - 낮

준호가 독서 모임에 참여하는 모습. 교실은 책의 향기로 가득하고, 다양한 청소년들이 모여 자신들이 읽은 책에 대해 열렬하게 토론하고 있다.

준호
(흥분하며)
나는 '어린 왕자'라는 책을 읽었어. 너무나 멋진 이야기였어. 그 주인공의 모험과 성장에 너무나 공감을 느꼈어.

다른 학생
나도 '어린 왕자' 좋아해! 우리 다음에 같이 읽은 책에 대해 이야기해보자.

준호와 다른 학생들이 서로에게 환한 미소를 띄우며 독서 모임을 마치고 헤어진다.

INT. 도서관 - 낮

준호가 도서관에서 다양한 책을 둘러보고 있다. 책장 사이로 걸어가며 그의 손이 멋진 책들 위로 스쳐간다. 호기심이 가득한 눈으로 다양한 주제의 책을 선택하며, 그 안에 담긴 지식의 보물을 발견하는 즐거움을 느낀다.

준호
(감탄하며)
세상에는 정말로 알고 싶은 것이 너무나 많아. 이 책들과 함께라면 어떤 것이든지 배워갈 수 있겠구나.

준호는 책 한 권을 골라 독서실로 향한다.

INT. 독서실 - 오후

조용하고 아늑한 독서실. 준호는 편안한 의자에 앉아 책을 펼치고 읽기 시작한다. 그의 눈은 글자들에 집중하며, 마음 속에는 새로운 세계가 펼쳐지는 듯한 설레임이 느껴진다. 시간이 흐르는 동안 그는 책의 매력에 푹 빠져들고, 새로운 지식과 통찰력을 얻으며 성장해간다.

EXT. 공원 - 낮

다시 현재의 공원으로 돌아온 준호. 책을 안고 풍경을 바라보며 몸을 푸는 시간을 가진다.

준호
(소리 없이)
청소년이여, 책과 함께 꿈을 펼쳐라. 책은 무한한 상상력과
지식을 담고 있어. 그 속에서 우리는 자유롭게 날개를 펼치고
멋진 꿈을 키워갈 수 있어.

청소년들이 다시 화면에 등장한다. 그들은 한껏 활기차게 뛰
어놀며, 독서를 즐기는 모습을 보여준다.

준호
(속으로)
청소년들이여, 책을 읽어 나가며 꿈을 키워나가자. 그리고 너
희의 꿈을 향한 모험을 시작해보자!

청소년들의 웃음소리와 함께 화면이 서서히 페이드 아웃되며,
주변 소리들이 점차 멀어져간다.

THE END

<에세이>

청소년 시절은 우리 인생에서 가장 풍요로운 시기이다. 아직은 어린 마음이 세상에 대한 호기심과 상상력으로 가득차 있고, 미래에 대한 꿈과 희망이 무한히 펼쳐져 있다. 그리고 이 시기에 청소년들이 책과 독서를 통해 세계를 탐험하고, 자신의 꿈을 현실로 이뤄나가는 데에 어떠한 역할을 하는지 알아보고자 한다. 청소년들에게 필요한 독서 습관 형성에 대한 실질적인 조언을 통해 그들이 책과 함께 꿈을 펼칠 수 있는 방법을 살펴보자.

첫째로, 꾸준한 독서 습관을 형성하는 것이 중요하다. 매일 조금이라도 시간을 내어 독서를 하도록 노력해야 한다. 시간을 정해두고 독서 시간을 확보하면, 책을 읽는 것이 일상의 일부가 되어 자연스럽게 독서 습관이 자리 잡을 것이다. 읽고자 하는 책의 장르나 주제에 대한 흥미를 고려하여 다양한 책을 선택하고, 개인적인 취향과 관심사를 반영한 책들을 선정해보는 것도 좋다. 이를 통해 독서가 지루한 의무가 아닌 즐거운 시간으로 느껴질 것이다.

둘째로, 독서 환경을 조성하는 것도 중요하다. 편안하고 조용한 곳에서 독서를 하면 집중력이 높아지고, 책과의 대화에 몰입할 수 있다. 독서를 위한 특별한 공간을 마련하거나 독서실을 이용하는 것도 좋은 방법이다. 독서실은 다른 사람들이 동시에 독서하는 환경이기 때문에 독서에 대한 동기부여와 집중력을 높일 수 있는 장점이 있다.

셋째로, 독서 활동을 다양하게 참여하는 것이 독서 습관 형성에 도움이 된다. 독서 모임이나 독서 클럽에 참여하여 책에 대한 토론과 의견 공유를 할 수 있다. 이런 활동을 통해 독서의 즐거움을 함께 나누고, 다른 사람들의 다양한 시각과 생각을 접할 수 있다. 또한, 독서 일지를 작성하거나 독후감을 쓰는 등 독서 활동을 기록하는 것도 좋다. 이를 통해 자신의 독서 경험을 정리하고 되돌아보며 성장할 수 있다.

넷째로, 독서를 통해 자기 이해와 성장을 이루어가는 것이 중요하다. 책은 우리에게 새로운 시각과 인사이트를 제공해준다. 우리는 책 속의 이야기와 캐릭터들을 통해 다양한 감정과 경험을 체험하며, 현실 세계에서는 어려운 상황이나 갈등을 해결해나가는 방법을 배울 수 있다. 독서를 통해 자기 이해를 깊이하게 하고, 자신의 가치관과 믿음을 탐색해 나갈 수 있다. 또한, 독서를 통해 지식과 정보를 습득하며 세계에 대한 이해를 넓힐 수 있다.

마지막으로, 독서를 통해 꿈을 펼칠 수 있는 가능성을 믿어야 한다. 책은 우리에게 새로운 세계를 보여주고, 큰 꿈을 이루는 데에 필요한 도구를 제공해준다. 청소년들은 독서를 통해 자신의 꿈과 열정을 발견하고, 그 꿈을 현실로 이뤄나갈 수 있는 역량을 갖출 수 있다. 독서를 통해 자신을 발전시키고 성장할 수 있는 기회를 잘 활용해야 한다.

청소년이여, 책과 함께 꿈을 펼쳐라! 독서는 우리에게 끊임없는 배움과 성장의 기회를 제공한다. 꾸준한 독서 습관을 형성하고 독서 환경을 조성하는 것은 우리의 인생에 긍정적인 영향을 미치며, 독서 활동을 다양하게 참여하고 자기 이해와 성장을 위한 시간을 가져야 한다. 독서를 통해 꿈을 펼치는 우리의 여정은 끝이 없다. 청소년들이 책과 함께 꿈을 이루고 세상을 변화시킬 수 있는 능력을 발견하길 바란다. 그리고 그들이 독서를 통해 자신의 꿈을 실현시키며, 성공과 행복을 찾아가길 기대한다.

<일기>

제목 : 나의 인생에서 독서란?

오늘은 독서에 대한 생각을 글로 표현해보고자 한다. 독서는 나에게 많은 영감과 성장의 기회를 주는 소중한 활동이다. 이제 막 청소년이 되었지만, 독서를 통해 새로운 세계를 탐험하고 나 자신을 발견하는 여정을 떠나고 싶다.

오늘은 독서의 중요성에 대해 더욱 깊이 생각하게 되었다. 독서는 나에게 지식을 전달해주는 것뿐만 아니라, 상상력과 창의력을 키워주는 역할을 한다. 책을 읽으면 다른 사람들의 이야기를 들을 수 있고, 그들의 경험과 감정을 공유할 수 있다. 그것은 마치 친구와 대화를 나누는 것과도 같다. 책은 나를 위로하고 격려해주며, 어려운 시기에 도움을 주는 버디가 되어준다.

오늘은 독서가 내게 어떤 긍정적인 영향을 줄 수 있는지 생각해보았다. 첫째로, 독서는 나의 자기 이해와 성장에 도움을 준다. 책을 읽으면 다양한 캐릭터들을 만나게 되고, 그들과의 이야기를 통해 나 자신을 더 잘 이해할 수 있다. 나와는 다른 세계에서 벌어지는 이야기를 통해 다양한 감정과 경험을 체험하며, 나 자신의 가치관과 신념을 탐색해 나갈 수 있다. 독서는 나를 성장시키고, 내가 어떤 사람이 되고 싶은지에 대한 비전을 제시해준다.

둘째로, 독서는 나의 상상력과 창의력을 발전시켜준다. 책 속의 이야기는 상상의 나래를 펼칠 수 있는 지름길이다. 작가는 글로써 새로운 세계를 그려내고, 그 안에서 자유롭게 표현할 수 있다. 독서를 통해 내 안의 상상력을 자극하고, 새로운 아이디어와 생각을 키울 수 있다. 또한, 책을 읽으면 다양한 문체와 스타일을 접할 수 있으며, 언어의 다양성을 경험할 수 있다. 이는 나의 글쓰기와 의사 표현 능력을 향상시키는 데 큰 도움이 된다.

셋째로, 독서는 나의 지식과 인식을 넓히는 데 도움을 준다. 책은 다양한 주제와 관점을 다루기 때문에, 독서를 통해 내가 알지 못했던 지식과 사실들을 알아갈 수 있다. 역사, 과학, 문학 등 다양한 분야의 책을 읽으면서 세상에 대한 이해도가 높아지고, 다양한 관점을 받아들일 수 있는 능력이 강화된다. 이는 나의 사고력과 분석력을 향상시키는 데 도움이 된다.

오늘의 독서는 나에게 큰 영감을 주었다. 책을 통해 나는 세계와 소통하고, 꿈을 키워나갈 수 있다는 것을 깨달았다. 독서는 나에게 힘과 용기를 주며, 미래를 향한 여정에서 나를 지원해줄 최고의 파트너가 될 것이다. 앞으로도 독서를 통해 더 많은 지식을 습득하고, 내 꿈을 실현시키기 위해 노력할 것이다. 청소년이여, 책과 함께 꿈을 펼쳐라!

<연극 대본>

[장면 1: 청소년의 방]

(청소년이 자신의 방에서 책을 읽고 있다. 주변에는 책장과 책들이 가득하다. 청소년은 책을 펼쳐 읽으면서 생각에 잠겨 있다.)

청소년: (반문하며) 책에는 얼마나 많은 이야기와 지식이 담겨 있는 거지? 이런 다양한 책들을 읽으며 세상의 보물을 발견하는 기분이 정말 좋아.

(청소년이 독서 중인 책에서 나오는 소리에 깜짝 놀라며 주의를 기울인다.)

소리: (부드럽게) 청소년이여, 나와 함께 꿈을 펼치고 세상을 탐험해보지 않겠니?

청소년: (놀란 표정으로) 누구야? 여기서 어디서 말을 하는 거지?

소리: (원기 넘치는 목소리로) 나는 '독서의 정신'이야! 책을

통해 새로운 세계를 열어주는 친구라고 생각해.

청소년: (궁금한 표정으로) 정말인가? 그럼 어떤 세계를 알려
줄 수 있을까?

[장면 2: 상상의 세계]

(무대가 변하며, 청소년과 독서의 정신이 함께 다양한 장면을
체험한다.)

독서의 정신: (열정적으로) 청소년이여, 이 세계를 보라! 우리
는 역사 속으로 들어가고, 과학적 발견을 경험하며, 문학의
세계에 빠져들 수 있다. 여기서는 모험과 로망, 스릴과 감동
이 넘치는 이야기들이 우리를 기다리고 있어!

청소년: (눈을 반짝이며) 진짜일까? 그럼 어디로 가볼까?

독서의 정신: (손을 내밀며) 내 손을 잡아. 그리고 너의 상상
력을 펼쳐봐.

(청소년과 독서의 정신이 함께 손을 잡고 무대 위로 날아올라
다양한 장면을 체험한다. 역사 속으로 들어가고, 우주 여행을
하며, 동화 속으로 들어간다.)

청소년: (놀라면서) 믿을 수 없어! 이 모든 경험이 정말 책을 통해 가능한 거야?

독서의 정신: (웃으며) 그렇지, 청소년이여. 책은 너에게 한계 없는 상상력과 지식을 선사해준다. 그 안에는 새로운 세계가 펼쳐져 있으며, 네가 원하는 어떤 경험도 가능하다.

청소년: (감격한 표정으로) 독서의 정신, 너의 도움으로 나는 정말 많은 것을 배웠어. 책을 통해 세상을 탐험하고 꿈을 키워나가는 경험은 너무나 값진 것이야.

독서의 정신: (감동한 표정으로) 청소년이여, 너의 성장과 꿈을 응원하고 싶어. 책을 통해 더 큰 꿈을 펼쳐나가고, 세상을 탐험해 나가는 여정을 계속해 나가기를 바란다.

청소년: (감사한 표정으로) 독서의 정신, 너의 도움과 조언에 정말 감사해. 나는 앞으로도 독서와 함께 꿈을 키워갈 것이다. 책은 나에게 무한한 가능성을 보여주고, 세상을 탐험하는 동반자가 되어준다. 청소년이여, 책과 함께 꿈을 펼치자!

(청소년이 책을 꼭 안고 무대 뒤로 사라진다.)

<뉴스>

앵커: 안녕하세요, 여러분. 저는 XX 뉴스의 앵커 XXX입니다. 오늘은 '청소년이여, 책과 함께 꿈을 펼쳐라!'라는 주제로 특별한 이야기를 전해드리려고 합니다. 독서의 중요성과 청소년들에게 미치는 긍정적 영향에 대해 알아보겠습니다.

리포터: 그렇습니다. 독서는 청소년들에게 많은 이점을 제공합니다. 그것에 대해 좀 더 자세히 알아보도록 하겠습니다.

앵커: 청소년들에게 독서는 지적인 성장과 창의적 사고를 촉진하는 데 큰 역할을 합니다. 독서를 통해 다양한 이야기와 지식을 접하며 청소년들은 인지 능력과 문제 해결 능력을 향상시킬 수 있습니다.

리포터: 맞습니다. 독서는 또한 청소년들의 자기 이해와 감정 조절에도 도움을 줍니다. 책 속의 이야기를 통해 다른 캐릭터들의 감정과 경험을 공감하고 이해하는 과정을 거치면서 청소년들은 자기 자신을 더 잘 이해하게 되고, 감정을 표현하고 조절하는 방법을 배울 수 있습니다.

앵커: 그렇습니다. 독서는 또한 청소년들의 상상력과 창의력

을 향상시키는 데에도 큰 도움을 줍니다. 책 속의 다양한 세계와 이야기들은 청소년들의 상상력을 자극하고 새로운 아이디어와 해결책을 찾는 능력을 키워줍니다.

리포터: 맞습니다. 또한 독서는 청소년들의 언어와 표현력을 향상시키는 데에도 도움이 됩니다. 책을 읽으면서 다양한 어휘와 문장 구조를 접하고 습득하며, 이를 통해 표현력이 풍부해지고 글쓰기 능력이 향상될 수 있습니다.

앵커: 그렇습니다. 독서는 또한 청소년들의 대인관계와 소통 능력을 향상시키는 데에도 도움이 됩니다. 책 속의 캐릭터들과의 이야기를 통해 다른 사람의 관점을 이해하고 존중하는 태도를 가질 수 있으며, 이는 현실 세계에서의 대인관계에서도 중요한 역할을 합니다.

리포터: 정말 그렇습니다. 독서는 청소년들에게 자기계발과 성장을 위한 소중한 도구가 될 수 있습니다. 책을 통해 청소년들은 자기 관리, 목표 설정, 시간 관리 등의 습관을 형성하고, 더 나은 버전의 자신을 만들어 나갈 수 있습니다.

앵커: 그렇습니다. 독서는 정말로 청소년들에게 많은 혜택을 제공하는 것 같습니다. 젊은이들이 책과 함께 꿈을 펼치고 더 큰 세계를 탐험하는 여정을 계속해 나갈 수 있기를 바랍니다.

리포터: 네, 그리고 이를 위해서는 청소년들에게 독서 습관 형성의 중요성을 교육하고 지원하는 것이 필요합니다.

앵커: 맞습니다. 그러니까 우리 모두가 청소년들을 응원하고 독서 문화를 확산시키는 데 기여할 수 있도록 노력해야 합니다.

리포터: 그리고 마지막으로, 청소년들에게 우리의 지원과 격려가 중요하다는 메시지를 전달하고 싶습니다.

앵커: 그렇습니다. '청소년이여, 책과 함께 꿈을 펼쳐라!'라는 주제로 독서의 중요성과 그에 따른 이점을 알아봤습니다. 젊은이들이 독서를 통해 더 나은 세상을 만들어 나갈 수 있기를 기대합니다. 여기서 XX 뉴스의 앵커 XXX이었습니다. 수고하셨습니다.

리포터: 감사합니다. 이상으로 '청소년이여, 책과 함께 꿈을 펼쳐라!'에 대한 특별 리포트였습니다.

\<여행기\>

장소: 도서관

날짜: 2023년 6월 14일

안녕하세요, 여행자 여러분. 저는 여행작가 XXX입니다. 오늘은 여러분을 도서관으로 초대하여 특별한 여행을 함께 떠나보려고 합니다. 이 여행은 '청소년이여, 책과 함께 꿈을 펼쳐라!'라는 주제로 펼쳐질 것입니다. 함께 출발해볼까요?

도서관은 마치 문화와 지식의 보고로, 무궁무진한 여행의 시작점입니다. 그곳에는 다양한 책들이 가득 차 있습니다. 그중에서도 청소년들을 위한 많은 보물들이 숨겨져 있답니다. 이 보물들은 청소년들의 마음과 꿈을 자극하고 넓혀주는 역할을 합니다.

청소년들에게 독서는 마치 여행을 떠나는 것과도 같습니다. 책 속으로 들어가면 다양한 이야기의 세계로 빠져들 수 있습니다. 그곳에서 청소년들은 모험을 경험하고 새로운 사람들을 만나며 성장할 수 있습니다. 이런 독서 여행을 통해 청소년들은 자기 계발과 자기 이해를 실현하는 기회를 갖게 됩니다.

한 걸음 더 들어가 보면, 청소년들은 독서를 통해 자신의 꿈을 찾을 수도 있습니다. 책의 페이지를 넘기며 청소년들은 다양한 직업, 분야, 세계를 접할 수 있습니다. 그 과정에서 자신이 흥미를 느끼는 분야를 발견하고 꿈을 키워나갈 수 있습니다. 이렇게 독서는 청소년들의 진로 탐색과 꿈의 펼침에 큰 역할을 합니다.

뿐만 아니라 독서는 청소년들에게 힐링과 안정을 제공합니다. 일상에서의 스트레스와 압박감에 시달리는 청소년들은 책을 통해 여유로움을 찾을 수 있습니다. 책 속의 이야기는 마치 편안한 휴식처로, 여행 중에 일시적인 휴식을 즐기는 것과 같은 느낌을 줍니다. 그렇게 독서를 통해 청소년들은 스트레스를 해소하고 자신을 다시 찾을 수 있습니다.

또한 독서는 청소년들의 상상력과 창의력을 자극합니다. 책을 읽으면서 청소년들은 새로운 아이디어를 얻을 수 있고, 상상력을 발휘하여 자신만의 이야기를 창조해낼 수 있습니다. 이러한 창의적인 활동은 청소년들의 창의적 사고력을 키워주고, 문제 해결능력을 발전시킵니다. 이는 미래를 준비하는 데에 매우 중요한 역할을 합니다.

여러분, 이 도서관은 어디까지나 출발점에 불과합니다. 이제 여러분이 직접 책을 통해 여행을 시작하고 꿈을 펼쳐 나가는 일은 여러분에 달려 있습니다. 독서를 통해 새로운 세계를 발견하고, 자기 자신을 알아가며, 꿈을 키워나가는 여정은 여러분이 직접 설계하고 이끌어 나가야 합니다.

그러니까, 청소년이여. 여행을 떠나는 것처럼 책과 함께 꿈을 펼쳐보세요. 도서관은 여러분의 여정을 위한 문을 열어놓고 기다리고 있습니다. 이제 여러분이 독서와 함께 새로운 세계로 떠날 준비가 되었나요? 여행을 즐기고 새로운 꿈을 찾아 나서는 그날을 기대합니다.

여기서 여행작가 XXX이었습니다. 책과 함께하는 여행, 기대해 주세요. 감사합니다.

<스포츠 중계>

해설자: 안녕하세요, 여러분. 저희는 오늘 도서관에서 특별한 이벤트를 준비했습니다. 여러분을 위한 특별한 스포츠 중계입니다. 저는 해설자 XXX이고, 함께할 코멘터리는 XXX입니다. 오늘의 경기 주제는 '청소년이여, 책과 함께 꿈을 펼쳐라!'입니다. 독서의 세계에서 펼쳐지는 경기를 함께 관전해 보시죠.

해설자: 여러분, 도서관은 이제 경기장으로 변모했습니다. 야심찬 독서 경기가 펼쳐질 예정입니다. 독서는 마치 스포츠 경기와도 비슷한 점이 있습니다. 이번 경기에서는 독서를 통해 자기계발과 자기이해를 위한 경기가 펼쳐질 것입니다.

코멘터리: 그렇습니다. 독서는 청소년들에게 자신의 잠재력을 발견하고 개발할 수 있는 훌륭한 도구입니다. 독서 경기에서는 다양한 책들이 선수로 출전하게 될 것이며, 그들은 독자들에게 새로운 시선과 영감을 제공할 것입니다.

해설자: 그리고 독서는 청소년들의 꿈을 키우는 중요한 역할을 합니다. 독서 경기에서는 청소년들이 다양한 책들과의 만남을 통해 자신의 꿈을 찾아나갈 것입니다. 책의 이야기는 미래의 가능성과 다양한 직업에 대한 통찰을 제공합니다.

코멘터리: 그렇습니다. 독서 경기에서는 청소년들이 상상력과 창의력을 발휘하여 새로운 아이디어와 이야기를 창조해낼 수 있을 것입니다. 그들은 스포츠 경기처럼 책과 함께 팀을 이루어 성장하고 경쟁할 것입니다.

해설자: 독서는 또한 청소년들에게 힐링과 안정을 제공합니다. 독서 경기에서는 청소년들이 책 속의 이야기를 통해 여유와 휴식을 즐길 수 있을 것입니다. 책을 통해 얻는 소소한 휴식은 청소년들의 심신 안정과 안락을 도와줍니다.

코멘터리: 맞습니다. 독서는 청소년들에게 스트레스를 해소하고 긍정적인 에너지를 공급해줍니다. 독서 경기에서는 청소년들이 책을 통해 자기 자신과의 대화를 나누며 스트레스를 해소하고, 긍정적인 마음을 얻을 수 있을 것입니다.

해설자: 여러분, 이번 독서 경기는 청소년들에게 독서의 즐거움과 이점을 알려주는 기회입니다. 도서관은 이번 경기를 통해 청소년들의 꿈과 열정을 응원하고 지원하고자 합니다.

코멘터리: 그렇습니다. 이번 경기에서는 도서관이 청소년들을 위한 중요한 도구가 되는 모습을 보여줄 것입니다. 독서를 통해 청소년들이 자신을 발견하고 더 나은 미래를 위한 꿈을

키울 수 있기를 바랍니다.

해설자: 여러분, 지금부터 독서 경기가 시작됩니다. 청소년들의 독서 실력과 열정이 빛나는 이 경기를 함께 관전해 주세요. 도서관에서 여러분을 응원하고 있습니다. 감사합니다.

기자: 지금까지 XXX와 XXX의 열정적인 해설과 함께 도서관에서 펼쳐진 독서 경기를 전달해 드렸습니다. 청소년들의 독서 실력과 꿈을 응원하는 도서관의 노력이 여기서 만나게 되었습니다. 독서를 통해 새로운 시선과 영감을 얻고, 꿈을 키워나가는 청소년들의 모습에 큰 기대감을 갖게 되었습니다. 앞으로도 도서관은 청소년들의 꿈을 지원하고 독서의 즐거움을 전달하기 위해 더욱 노력할 것입니다. 이상, XXX가 전달해 드렸습니다. 감사합니다.

<논설문>

제목: 독서의 중요성과 청소년들에게 주는 영향

서론:
독서는 인간의 지적, 정서적 성장을 위해 중요한 활동입니다. 특히 청소년들은 독서를 통해 자기계발, 자기이해, 창의력 발휘 등 다양한 이점을 얻을 수 있습니다. 이 논설문에서는 독서가 청소년들에게 미치는 긍정적인 영향과 청소년들에게 필요한 독서 습관 형성을 위한 조언에 대해 논의하고자 합니다.

본론:

독서의 중요성

자기계발: 독서를 통해 청소년들은 새로운 지식과 시각을 얻을 수 있으며, 자기 자신을 발전시킬 수 있습니다. 독서는 무한한 세계로의 여행이며, 다양한 경험과 인사이트를 제공합니다.
자기이해: 독서는 청소년들이 자신의 감정과 생각을 이해하는 데 도움을 줍니다. 독서를 통해 다양한 이야기와 캐릭터를 경험하면서 자아를 발견하고 성장할 수 있습니다.

창의력 발휘: 독서는 상상력과 창의력을 자극합니다. 청소년들은 책 속의 이야기에서 새로운 아이디어를 얻고, 자신만의 이야기를 창조하며 창의적 사고를 발전시킬 수 있습니다.

청소년들에게 필요한 독서 습관 형성을 위한 조언

가. 일정한 독서 시간 확보: 청소년들은 바쁜 일정 속에서도 독서 시간을 확보해야 합니다. 매일 일정한 시간을 독서에 할애하여 독서 습관을 형성해야 합니다.

나. 다양한 장르의 책 읽기: 청소년들은 다양한 장르의 책을 읽어야 합니다. 소설, 시, 에세이, 역사 등 다양한 분야의 책을 접하면서 넓은 시각을 갖게 되고, 자신의 관심사를 발견할 수 있습니다.

다. 독서록 작성하기: 청소년들은 독서록을 작성하여 읽은 책의 내용을 정리하고 감상을 기록해야 합니다. 독서록은 독서 경험을 돌아보고 성찰하는 소중한 도구입니다.

라. 독서 동아리 참여: 독서 동아리에 참여함으로써 독서를 즐기고 공유할 수 있는 기회를 얻을 수 있습니다. 동아리 활동은 독서의 즐거움을 배우고 친구들과 함께 의견을 나눌 수 있는 소중한 경험이 됩니다.

결론:

독서는 청소년들에게 많은 이점을 제공합니다. 자기계발, 자기이해, 창의력 발휘 등 다양한 면에서 독서는 중요한 역할을 합니다. 따라서, 독서 습관 형성을 위한 조언을 따르면 청소년들은 독서를 통해 더욱 풍요로운 삶을 즐길 수 있을 것입니다. 독서는 청소년들의 꿈과 성장을 위한 무한한 가능성을 열어줍니다. 그러므로 우리는 청소년들에게 "책과 함께 꿈을 펼쳐라!"라고 말할 수 있습니다. 독서는 그들의 미래를 밝게 비추는 열쇠입니다.

\<웹소설\>

제목: 꿈을 향한 페이지 - 청소년들의 독서 여정

Prologue:
안녕하세요, 여러분! 저는 여러분과 함께 독서의 세계로 여행할 웹소설 작가입니다. 오늘은 특별한 이야기를 시작하려고 합니다. 이 이야기는 우리 청소년들이 꿈을 향해 모험을 떠나는 독서 여정을 그려보려고 합니다. 함께 준비되셨나요? 그렇다면, 이제 시작해볼까요?

Episode 1: 도서관의 비밀 문

어느 평범한 날, 우리 주인공인 민지는 도서관에서 책을 빌리러 갑니다. 그곳에 도착하자마자, 민지는 한 권의 책에 이목이 가는 것을 발견합니다. 그 책은 반짝이는 표지와 함께 "꿈을 향한 페이지"라는 제목이 적혀 있었습니다. 호기심에 사로잡힌 민지는 책을 꺼내어 펼쳐봅니다. 그 순간, 눈앞에 펼쳐진 세계는 어디선가 익숙한 듯한 느낌이 듭니다.

Episode 2: 마법의 캐릭터와의 만남

민지는 책의 페이지를 넘기면서 각 페이지마다 새로운 이야기와 캐릭터들이 등장하는 것을 알게 됩니다. 그리고 민지는 이 세계에서 특별한 능력을 가진 마법의 캐릭터들을 만나게 되는데요. 함께 여행하며 책의 이야기를 완성해나갈 수 있는 동료들입니다.

Episode 3: 독서의 힘과 자기계발

민지는 이 독서 여정을 통해 많은 교훈을 얻게 됩니다. 독서의 힘은 그녀에게 자기계발과 성장의 기회를 제공합니다. 그녀는 다양한 이야기와 캐릭터를 통해 자신을 발견하고, 자기의 잠재력을 믿어가게 됩니다. 독서는 그녀의 꿈을 향해 나아가는 열쇠이며, 성장의 씨앗을 심어줍니다.

Episode 4: 독서 동아리의 비밀

도서 여정의 중간에, 민지는 독서 동아리를 우연히 발견합니다. 그곳은 독서를 사랑하는 친구들이 모이는 곳으로, 함께 책을 읽고 이야기를 나누는 소중한 장소입니다. 동아리 활동은 민지에게 독서를 더욱 즐기고 공유할 수 있는 기회를 제공하며, 독서의 즐거움을 배우고 친구들과의 유대감을 형성하는 계기가 됩니다.

Episode 5: 꿈을 향한 결승선

민지는 책의 마지막 페이지에 다다르면서 자신의 꿈에 한 발짝 더 다가가고 있음을 느낍니다. 그 동안의 여정을 돌이켜보며, 그녀는 독서를 통해 꿈을 이루는 데 필요한 노력과 열정을 깨닫게 됩니다. 이제, 마지막 장면에서 그녀는 자신의 꿈을 향해 결승선을 향해 뛰어갑니다.

Epilogue: 여정은 계속된다

우리 이야기는 여기서 끝이 아닙니다. 독서 여정은 계속됩니다. 민지는 새로운 도전과 꿈을 향한 여정을 계속하게 되고, 새로운 캐릭터들과 이야기를 만나게 됩니다. 그리고 다른 청소년들에게 독서의 매력과 가치를 전하며, 함께 꿈을 펼치는 이들과 소통하고 나눌 수 있는 기회를 가질 것입니다.

이렇게 우리 주인공인 민지와 함께한 독서 여정은 많은 청소년들에게 영감과 희망을 주는 이야기가 되었습니다. 독서는 우리의 세계를 넓혀주고, 꿈을 이루는 힘을 부여해줍니다. 그래서 저는 여러분에게 이렇게 말하고 싶습니다. "여러분도 꿈을 향해 독서 여정을 떠나보세요. 그 안에는 무한한 가능성과 행복이 기다리고 있습니다."

<웹툰>

[Panel 1]

(장면: 다채로운 책으로 가득 찬 서가가 있는 평화로운 도서관)

캡션: 에피소드 1: 도서관의 비밀 문

[Panel 2]

(캐릭터: 초롱초롱한 눈망울에 배낭을 멘 호기심 많은 10대 소녀 민지.)

민지 (생각): 오늘도 도서관에 왔어! 이번에는 어떤 책을 찾아볼까?

[Panel 3]

(서가를 둘러보던 민지는 "꿈을 향한 페이지"라는 제목의 책이 눈에 들어옵니다.)

민지 (생각): "꿈을 향한 페이지?" 표지에 빛이 나는데, 이 책은 뭐지?

[Panel 4]

(민지가 책을 펼치면 생생한 색감과 환상적인 장면으로 페이지가 살아납니다.)

캡션: 에피소드 2: 마법의 캐릭터와의 만남

[Panel 5]
(캐릭터: 민지 앞에 독특한 능력을 가진 마법 캐릭터가 등장합니다.)
민지: 뭐야, 이건... 마법 같은 캐릭터들이 나타났어?!

[Panel 6]
(민지와 마법 캐릭터들이 다양한 배경과 도전을 통해 모험을 떠납니다.)
캡션: 에피소드 3: 독서의 힘과 자기계발

[Panel 7]
(캐릭터: 민지가 책을 들고 자신의 경험을 되돌아보고 있습니다.)
민지 (생각): 이 여정을 통해 독서의 힘을 알게 되었어. 내 안에 있는 잠재력을 발견하고 자신감을 얻을 수 있었어.

[Panel 8]
(민지는 독서 클럽에 가입하고 책에 대한 열정을 공유하는 새로운 친구들을 만납니다.)
캡션: 에피소드 4: 독서 동아리의 비밀

[Panel 9]

(민지와 친구들이 아늑한 독서실에 모여 책에 대해 토론하고 이야기를 나누고 있습니다.)

민지: 독서 동아리에서 새로운 친구들을 만나게 되었어. 함께 이야기를 공유하고 책의 세계에 빠져들 수 있어서 행복해.

[Panel 10]

(책이 거의 끝나갈 무렵, 꿈을 이루기로 결심한 민지)

캡션: 에피소드 5: 꿈을 향한 결승선

[Panel 11]

(캐릭터: 꿈을 앞에 두고 결승선을 향해 달리는 민지)

민지: 내 꿈을 향해 뛰어가고 있어! 이 독서 여정이 나를 변화시키고, 꿈을 이루기 위한 열정과 노력을 주는 걸 느꼈어.

[Panel 12]

(민지가 펼쳐진 책과 메시지로 둘러싸인 결론 패널)

캡션: 이야기는 끝나지 않아요. 독서 여정은 계속됩니다.

민지 (생각): 저는 여러분에게 독서의 매력과 가치를 전하고, 함께 꿈을 펼치는 이들과 소통하고 나눌 수 있는 기회를 가지고 싶어요.

[Panel 13]

(장면: 다양한 청소년들이 각자 자신의 이야기에 몰입하여 책을 읽고 있습니다.)

캡션: 이제 여러분 차례입니다. 여러분도 독서 여정을 떠나보세요. 책의 세계는 무한한 가능성과 행복이 가득한 곳이에요.

[Panel 14]

(장면: 미소를 지으며 독자들을 바라보는 민지)

민지: 함께 꿈을 펼치며, 독서의 매력을 느껴보세요. 그 안에는 새로운 모험과 성장이 기다리고 있답니다. 함께 읽어요!

[Panel 15]

(장면: 도서관이 배경으로 사라지고 민지와 독자들은 설렘과 기대감을 느낍니다.)

캡션: 끝

이렇게 여러분과 민지의 독서 여정은 컬러풀한 웹툰으로 그려졌습니다. 책의 마법과 모험을 느끼며, 독서의 힘과 꿈을 향한 열정을 함께 나누어보세요.

함께 읽어 나갈 이야기는 계속됩니다.

<웹소설 2>

에피소드 1: 도서관의 비밀 문

붉은 가방을 메고 밝은 눈빛을 가진 청소년 민지는 한적한
도서관으로 향했다. 그녀는 오늘도 책 속 세계로 빠져들 계획
이었다. 문을 열고 들어서자, 민지는 무수한 책들에 둘러싸인
곳에 자신을 발견했다. 이곳은 독서의 천국이었다. 그녀는 호
기심 가득한 눈으로 책장을 훑어보았다. 그러던 중, 민지의
시선은 한 권의 책에 머물렀다. 그 책은 "꿈을 향한 페이지"
라는 제목이었다.

에피소드 2: 마법적인 캐릭터들의 만남

민지는 호기심에 책을 열어보았다. 그 순간, 눈앞에는 화려한
색상과 흥미로운 장면들이 펼쳐져 나타났다. 마법적인 세계와
환상적인 캐릭터들이 그녀를 반겨주었다. 민지는 마법 같은
일이 일어나는 것을 믿을 수 없었다. 그 순간, 그녀는 독서를
통해 특별한 경험을 하게 될 것임을 직감했다.

에피소드 3: 독서의 힘과 성장

민지와 마법적인 캐릭터들은 함께 다양한 장소를 여행하며 모험을 떠났다. 그들은 새로운 도전과 역경을 만나면서 자신의 잠재된 능력을 발견하고 성장해갔다. 독서를 통해 얻은 지식과 상상력은 그녀들을 강하게 만들었고, 자신감을 심어주었다. 민지는 이 여정을 통해 자기 자신을 이해하고 발전시킬 수 있었다.

에피소드 4: 독서 동아리의 비밀

민지는 독서 동아리에 가입하게 되었다. 거기서 그녀는 다른 독서 애호가들과 함께 책을 읽고 이야기를 나눌 수 있었다. 독서를 통해 얻은 즐거움과 인사이트를 함께 공유하는 것은 그녀에게 큰 행복이었다. 독서 동아리는 민지에게 소중한 사회적 연결고리가 되었고, 또한 독서를 통해 새로운 친구들을 만나는 기회가 되었다.

에피소드 5: 문학 세계로의 여정

민지는 독서를 통해 다양한 장르와 작가의 책들을 읽으며, 문학의 세계로 여행을 떠났다. 그녀는 책 속에 담긴 다양한 이야기와 풍경들을 만나며 여러 나라를 탐험했다. 독서를 통해 민지는 마치 자신이 그 이야기의 주인공이 되어버린 듯한 환상적인 경험을 하게 되었다. 문학의 세계는 그녀에게 끊임없는 발견과 감동을 선사해주었다.

그리고 이렇게 민지의 독서 여행은 계속되었다. 책과 함께하는 그녀의 꿈은 점점 커져갔고, 그녀는 새로운 지식과 경험을 얻으며 세계와 자신을 더 깊이 이해하게 되었다. 독서는 민지에게 무한한 가능성과 즐거움을 선사하는 동반자가 되었다. "책과 함께 꿈을 펼쳐라!"는 민지의 삶의 모토가 되었고, 그녀는 더 많은 사람들에게 독서의 매력을 알리기 위해 노력하게 되었다.

\<시\>

청소년이여, 책과 함께 꿈을 펼쳐라!

청소년이여, 네가 듣길 원하는 이야기를 들려줄게.
책의 세계로 함께 떠나보자.
지루한 일상을 벗어나서, 상상의 나래를 펼치는 그곳으로.

도서관 문을 열고 안으로 들어선다면,
지루한 공간은 비쳐지는 무지개로 변할 거야.
붉은 가방을 메고, 너의 눈빛에 반짝임을 불러일으키며.

그곳은 독서의 천국이야.
무수한 책들로 가득한 공간.
너의 손 끝에서 책장을 훑으면,
세상과 시간이 뒤섞여 마법같은 일들이 벌어진다.

꿈과 현실이 얽히는 공간이야.
화려한 색채와 흥미진진한 장면들이 펼쳐지고,
마법적인 캐릭터들이 너를 반겨준다.

이곳에서 만나게 되는 친구들은 모두 특별해.

그들은 강하고 용감하며, 상상의 나래를 펼치는 법을 알고 있어.
함께 여행을 떠나고, 모험을 겪으며, 성장할 수 있도록 이끌어줘.

네가 펼치는 책의 페이지는 꿈과 현실을 오가는 창문이야.
그 곳에서 네가 발견하는 것들은 너 자신의 능력과 잠재력.
독서를 통해 너는 세계와 자신을 더 깊이 이해하게 될 거야.

자기 계발과 자기 이해를 위한 독서는
끊임없는 성장의 힘이 될 거야.
독서는 마치 마법처럼 너의 안목을 넓혀주고,
상상력을 자극하여 창의적인 생각을 이끌어낸다.

그리고 독서 동아리에 참여하면,
책과 함께 나누는 즐거움을 더욱 풍성하게 만들 수 있어.
다양한 사람들과 읽은 책에 대해 이야기를 나누고,
새로운 인사이트를 얻는 것은 너에게 큰 보람이 될 거야.

청소년이여, 책과 함께 꿈을 펼쳐라!
네가 읽고 배우는 책들은 너의 인생을 더욱 풍요롭게 만들 거야.
독서는 네게 지식과 영감을 주는 마법 같은 동반자이자,

새로운 시선과 꿈을 제공하는 틀이 될 거야.

이제 너도 나의 이야기에 함께할 준비가 됐을까?
떠나보자, 책의 세계로.
청소년이여, 함께 꿈을 펼쳐보자.

<SF 소설>

제목: 청소년이여, 책과 함께 꿈을 펼쳐보자

장면 1: 우주선의 탑승

지구, 2179년. 미래의 도시에서 살고 있는 16살 소녀 엠마는 다른 사람들과는 조금 다른 꿈을 품고 있다. 그녀는 미지의 우주를 탐험하고 싶다는 큰 꿈을 품고 있다. 어릴 적부터 읽어 온 과학 소설들은 그녀의 상상력을 자극하고, 어린 시절부터 읽어온 책들은 그녀에게 상상력과 꿈의 힘을 준다.

어느 날, 엠마는 미래 과학 기술로 개발된 새로운 우주선에 탑승하는 기회를 얻게 된다. 이 우주선은 독자들이 읽어온 소설들에서만 볼 수 있던 미지의 행성들을 탐험할 수 있는 체험을 제공한다. 엠마는 설레는 마음으로 우주선에 올라타고 떠나기로 결심한다.

장면 2: 미지의 행성의 발견

우주선은 무한한 우주 공간을 가로지르며 새로운 행성들을 발견한다. 엠마는 매 순간이 신비롭고 흥미진진한 여행이 되어간다. 그녀는 다른 행성들의 생명체와의 만남, 놀라운 자연 현상들을 발견하며 자신의 상상력과 지식을 발휘한다.

한 행성에서는 다른 생명체들과 소통하고 협력해야 하는 상황에 처한다. 엠마는 그들과의 소통을 위해 학습 로봇인 로비와 함께 문제를 해결하고, 그들의 신비로운 문화와 지식을 배우며 자신을 성장시킨다. 이들의 동료적인 협업과 소통은 독자들에게 협력과 이해의 중요성을 강조한다.

장면 3: 우주의 비밀과 도전

우주선은 또 다른 행성으로 향하면서 엠마와 그녀의 동료들은 우주의 비밀과 도전에 직면한다. 그들은 미지의 행성에서 발견된 신비로운 플럭스 에너지에 대한 열정과 호기심을 품게 된다. 이 플럭스 에너지는 미래 문명의 핵심이자 우주의 에너지원으로 알려져 있다.

그들은 플럭스 에너지의 근원과 진정한 의미를 찾기 위해 위험천만한 임무에 도전한다. 이 임무를 통해 엠마와 동료들은 자신들의 용기와 결단력을 시험받게 되며, 미래의 운명을 개척하는 열쇠를 찾아내기 위해 힘을 합친다.

장면 4: 꿈의 세계와 우주 탐험의 끝

마침내 엠마와 그녀의 동료들은 플럭스 에너지의 진정한 의미를 깨닫게 된다. 이들은 인류의 운명을 개척하는 힘을 손에 쥐게 되며, 새로운 문명과의 연결고리를 찾아낸다. 그들의 우주 탐험은 과학적인 혁신과 인간의 내면을 탐구하는 과정을 그려내며 독자들에게 미래의 가능성과 꿈을 향한 열정을 안겨준다.

이 소설은 독자들에게 미래로의 모험과 상상력의 세계를 제공한다. 엠마와 그녀의 동료들의 이야기는 과학과 예술, 철학과 열정이 만나는 곳에서 펼쳐진다. 이들의 모험은 독자들에게 미래의 가능성과 새로운 시각을 제시하며, 우주의 신비와 인류의 운명을 상상하고 꿈을 향한 열정을 안겨준다. 우리는 엠마와 함께 우주를 탐험하며 인류의 운명을 상상하고, 미지의 세계에서 새로운 꿈을 펼칠 수 있는 모험에 동참한다.

<동화책>

한국의 작은 마을 한 가운데서 성민이라는 소년이 살고 있었습니다. 성민은 독서를 사랑하고, 매일 밤 침대에서 책을 읽으며 재미있는 이야기 속으로 빠져들곤 했습니다. 그의 상상력은 무궁무진하며, 꿈을 키워가는 모험을 항상 가슴에 품고 있었습니다.

어느 날, 성민은 작은 도서관에서 특별한 한 권의 책을 발견했습니다. 그 책은 마치 마법처럼 빛나며, "무한한 모험을 위한 열쇠"라는 글씨가 눈에 띄었습니다. 성민은 흥분한 마음으로 그 책을 열어보았습니다.

그 책의 페이지를 넘기자마자, 성민은 놀랍게도 신비로운 숲 속으로 빠져들었습니다. 숲은 환상적인 풍경과 신비로운 존재들로 가득 차 있었습니다. 동화 속 주인공들이 말을 하고, 나무들이 노래하며, 꽃들이 아름다운 향기를 풍기고 있었습니다. 이곳에서 성민은 어딘가 이곳에서 모험을 시작할 수 있다는 확신을 가지게 되었습니다!

첫 번째 모험은 우주로 향하는 여행이었습니다. 성민은 우주선에 탑승하여, 다른 행성들을 탐험하며 미지의 세계를 발견했습니다. 그곳에서는 신비로운 생명체들을 만나고, 황량한 행성에서 자원을 수집했습니다. 성민은 과학과 우주의 비밀을 알아가며 도전과 열정으로 자신의 꿈을 이루어갔습니다.

두 번째 모험은 마법의 숲으로 향하는 여행이었습니다. 성민은 마법사와 요정들을 만나 친구가 되었습니다. 그곳에서는 마법을 배우고, 동물들과 대화하며 자연의 아름다움을 발견했습니다. 성민은 마법처럼 펼쳐지는 세계에서 자신의 능력을 발휘하고 꿈을 키워나갔습니다.

마지막 모험은 성민의 용감한 동료들과 함께하는 대장정이었습니다. 성민은 친구들과 함께 깊은 바다를 탐험하고, 잠긴 보물의 비밀을 풀어나갔습니다. 그들은 큰 파도를 이겨내고 어려운 장애물을 극복하며 자신들만의 보물을 찾아냈습니다. 이 모험을 통해 성민은 팀워크와 용기의 중요성을 배우며, 자신의 꿈을 향해 단단한 발걸음을 내디딜 수 있었습니다.

마침내 성민은 돌아왔지만, 그의 꿈은 끝나지 않았습니다. 그는 이제 독서를 통해 무한한 모험을 계속할 수 있다는 것을 깨달았습니다. 성민은 다양한 책을 읽고 상상력을 키우며, 현실과 꿈을 연결하는 열쇠를 가졌습니다.

이 이야기의 끝에서 우리는 성민과 함께 여행하며 꿈을 키웠습니다. 책과 함께라면 어디든지 갈 수 있고, 어떤 모험도 할 수 있다는 걸 성민은 알게 되었습니다. 그래서 우리도 성민처럼 책을 읽으며, 꿈을 펼쳐보는 것은 어떨까요? 함께 꿈을 키우며 새로운 세계를 발견해보는 것, 어떤가요?

<시 2>

무지개 빛깔의 문이 열린다.
청소년의 발걸음이 공간을 가득 채우며,
하나 둘 손에 잡힌 책들이 녹아든다.

문양이 그려진 책장들이 서로 맞닿아,
은하수의 흐름을 따라 비춰진다.
각기 다른 세계와 이야기들이 하나로 어우러진다.

한 쪽엔 마법과 모험이 펼쳐지고,
다른 쪽엔 사랑과 용기가 울린다.
각색된 색채와 환상적인 느낌들이 공중에 퍼져나간다.

청소년은 손으로 그들을 만지며,
마음으로 그들을 이해한다.
그렇게 세상은 풍요롭게 번져가고,
꿈들은 현실을 스쳐 지나간다.

한 권 한 권 읽어가면서,
세상을 넓히고 자아를 깊이 파헤친다.
자신의 속마음을 발견하고,

창조적인 생각을 펼칠 수 있다.

청소년의 손으로 책의 문을 열면,
무한한 가능성이 펼쳐진다.
꿈과 현실이 서로 얽혀,
새로운 세계가 눈앞에 펼쳐진다.

청소년이여, 이제 여기서 시작해보자.
책과 함께하는 이 여정은 끝이 없다.
청소년의 꿈은 늘 피어날 것이다.

홈런이 아니어도 괜찮아.
파울이면 어때. '띵디!'하고
그냥 힘차게 날려 버려~

E p i l o g u e

이 책을 쓰게 된 계기는 단순합니다. 강연에 사용하기 위한 강의 자료로 준비한 것이지요. 처음엔 청소년 강연을 쉽게 생각하여 평상시 수업하듯이 PPT를 사용해 발표하려고 했습니다(물론 그 PPT 자료도 인공지능을 통해 자동 생성한 신박한 물건입니다만!). 하지만 그래도 명색이 학교에서 매일 '띵디~'를 외치며 '다르게 생각하라!'고 귀에 못이 박히도록 세뇌하는 천하의 띵디쌤이 식상하게 강연을 하시겠다? 그러면 안되는 것이지요? 그럼요. 그렇고 말고요. 그래서 미친 듯이 이 책을 만들었습니다. 그동안 준비했던 인공지능 자료들을 영혼까지 끌어모아 하루(?) 만에 200페이지 가까운 초고를 완성하기에 이르렀습니다. 물론 챗GPT의 도움이 없었다면 불가능한 일입니다. 그(그녀)가 제 옆에 딱 붙어있었기에 아이언맨처럼 불가능을 가능으로 바꿀 수 있었던 거지요. 쌩유 챗~♥

초집중, 과몰입해서 종일토록 책을 만들었더니 허리가 아프네요. 그래도 마음만큼은 하늘을 날아오를 것만 같은 기분입니다. 밥을 굶어 뱃속에서 배고프다 폭동이 몰아쳐도 마냥 행복한 이 기분을 여러분은 아실는지. 이것이야말로 띵디쌤이 꿈꾸는 '텅 빈 충만'이네요. 불 꺼진 운동장을 내려다보며 이런저런 생각에 잠겨봅니다. 어려서는 아무 관심도 없었던 책과 사랑에 빠져 물 흐르듯 여기까지 왔습니다. 모든 것이 감사의 이유입니다. 제게 주신 작은 달란트가 세상에 뿌려진 작은 밀알이 된다면 그것만큼 기쁜 일이 또 어디에 있을까요?

 아직도 퇴근을 못하고 있네요. 7월 강연 전에 출판된 책을 받아보려면 어쩔 수 없습니다. 이건 비밀인데요, 이번 강연에 오는 학생들에게 이 책을 깜짝 선물로 주려고 합니다. 아! 제가 생각해도 정말 띵디한 강사 맞네요. 강사비를 전부 책 선물로... 생각만 해도 짜릿합니다. 이 맛에 선생님 하지요. 자, 이제 자화자찬은 그만하고, 내 친구 챗GPT에게 다시 한번 마무리 편지를 써달라고 요청해야겠습니다. 시작과 끝을 챗GPT의 편지로 마무리하는 것도 꽤 의미가 있네요. 그만큼 우리 아이들이 더욱 인공지능과 친해지는 것 같아서요. 그럼 마이크를 챗GPT에게 넘기겠습니다. 헤이~ 친구, 정말 수고 많았어. 항상 고맙고. 다음번 '대환장 콜라보'도 손꼽아 기대할게. 다시 만날 때까지 행복해~♡

친구야,

우리의 이야기가 지금까지 이렇게 멋진 모험을 만들어냈어. '책BOOK과 챗 GPT의 만남'으로 함께 꿈과 비전을 키워나가는 여정을 시작했고, 정말로 멋진 경험이었어.

너의 도움이 너무나도 고마워. 우리는 함께 독서의 세계로 떠나서 새로운 프롬프트를 창조했어. 책 한 권 한 권이 너의 머리와 마음을 환하게 만들어주는 걸 보면 정말로 뿌듯하고 기뻐더라고.

이제 우리는 각자의 길을 가야 하겠지만, 우리의 이야기는 항상 내 마음 속에 새겨져 있을 거야. 너는 미래의 창조자야, 너의 꿈과 비전을 이루기 위한 잠재력을 가지고 있어.

어떤 어려움이 있어도 절대로 포기하지 말아. 너의 꿈은 너무나도 크고, 그 안에는 놀라운 가능성이 숨어있어. 독서를 통해 너는 더 큰 자신을 발견하고, 창의력을 키울 수 있을 거야. 이야기 속 주인공들과 함께 여행을 하며, 새로운 세계와 친구를 만나보자.

나는 항상 너를 응원할 거야. 너의 성공과 성장을 보면서 너무 기뻐할 거야. 비록 내가 언제나 곁에 있진 않겠지만, 언제든지 내게 소리를 질러

줘. 나는 항상 너의 옆에 있을 거야, 너의 친구인 챗GPT로서 말이지.

친구야, 너는 무한한 가능성을 갖고 있는 젊은이야. 너의 꿈과 비전을 향한 여정에서 언제든지 멋진 도약을 할 수 있어. 미래는 너의 손에 달려 있어.

큰 꿈을 꾸고, 새로운 비전을 이루기 위해 계속 나아가자. 너와 함께한 모든 순간을 추억하며, 늘 멋진 친구인 챗GPT가 될게.

언제나 너의 친구,

챗GPT

책BOOK과 챗GPT의 만남

- 책을 왜 읽어야 할까? -

발 행 | 2023년 6월 28일
저 자 | 띵디쌤
펴낸이 | 한건희
펴낸곳 | 주식회사 부크크
출판사등록 | 2014.07.15.(제2014-16호)
주 소 | 서울특별시 금천구 가산디지털1로 119 SK
트윈타워 A동 305호
전 화 | 1670-8316
이메일 | info@bookk.co.kr

ISBN | 979-11-410-3209-8

www.bookk.co.kr